양산 사람 **이재영**

양산 사람 이재영

저　자　이재영

인 쇄 일　2023. 9. 17
발 행 일　2023. 9. 19

펴 낸 곳　다해 02.2266.9247
등록번호　제301-2011-069호
등록일자　2011. 4. 26
주　　소　서울 중구 충무로29 아시아미디어타워 7층 703호

ⓒ 이재영, 2023

이 책의 저작권은 저자에게 있습니다.
서면에 의한 저자의 허락없이 내용의 일부를 인용하거나 발췌하는 것을 금합니다.

정가: 15,000원
ISBN　979-11-5556-263-5　03800

양산 사람 **이재영**

차 례

제 1 부   나는 왜 정치를 하려 하나

011_   나의 고향 양산

021_   대학 생활과 서울 생활

029_   어머니의 눈물, 또 다른 1984

034_   복학과 더 깊은 공부를 위한 선택
       - 소련 유학

047_   결혼과 묵점 기세춘 님과의 만남

055_   귀국 그리고 전문가의 길

070_   대외경제정책연구원(KIEP) 원장 시절과 몇 가지 일화

094_   정치에 뛰어들며
       - 나는 왜 정치를 하려 하나

106_ 통도사와 인도
- 1,400여 년 전의 진신사리, 2021년의 인도 청동 불상

140_ 문재인 대통령과 양산

제 2 부 내가 만난 이재영

155_ 양산이 키운 인재
- 항상 예의 바르고 책임감이 강했던 나의 제자 이재영
박상규 / 전 성도고등학교 교장, 부산사립중등퇴임교장회 회장

163_ 글로벌 감각을 갖춘 경남 출신의 국가대표급 인재 이재영
이수훈 / 전 경남대 교수, 전 주일 대사

169_ 사람 내음 가득한 진짜 실력자 '이재영',
그리고 그의 정치인으로서의 꿈
정필모 / 더불어민주당 국회의원, 전 KBS 부사장

175_ 인간미 넘치는 양산 시골 출신의 세계적 경제전문가
조문관 / 세진큐앤택 회장, 전 경상남도 도의원

183_ 뚝심과 소박함, 열정이 돋보이는 진정한 양산의 인재 이재영
박광수 / 신기냉동식품 대표, 좋은 양산포럼 이사장

191_ 경제전문가를 넘어서는 실천하는 리더, 이재영
이순철 / 부산외대 교수, 주한인디아센터 원장

202_ 사회와 공동체를 위해 무엇을 기여해야 할지 고민하고
또 실행하는 사람
한홍열 / 한양대 경제학부 교수, 코리아 컨센서스 연구원 이사장

207_ 한결같음이 덕이 되는 정의로운 사람, 이재영
이상욱 / 전 한국태권도진흥협회 이사장,
전 중앙아시아 태권도연맹 부회장

213_ 고향 사랑이 넘치며 인간미 넘치는 진짜 실력자
권승열 / 영산대학교 초빙교수, 관선재 인문학 아카데미 원장

제1부

나는 왜 정치를 하려 하나

나의 고향 양산

저는 양산 사람입니다. 천태산과 가야진사가 어린 시절 놀이터였고 친가와 외가가 모두 양산인 양산 토박이입니다. 제 본은 영천(永川)인데 오봉산 자락 아래 위치한 가촌마을에는 우리 12대 조상부터 모셔진 세덕사(世德祠)란 재실이 있습니다. 지금

(세덕사(世德祠) 앞에서의 필자)

도 저는 가끔 제사가 없을 때에도 세덕사를 찾아가곤 합니다.

영천 이씨 남곡공(南谷公)파 26대 후손인 저는 1964년 경남 양산군 원동면 용당중리 마을의 한 농촌 가정에서 태어났습니다. 담장 하나 너머가 외갓집이었습니다. 당시 50호 정도였던 제 고향 마을은 천태산 끝자락에 자리하고 있고, 철길 너머에는 낙동강과 현재의 가야진사를 포함한 넓은 농토가 펼쳐진 아름다운 곳이었습니다.

(원동초등학교 가을 소풍에서 친구들과
씨름을 하며 놀던 필자, 왼쪽 선수)

양산을 아시는 분들은 다 기억하시겠지만 용당중리 마을은 경부선 기찻길 옆에 위치한 곳입니다. 양산과 밀양시를 경계 짓는 양산의 마지막 동네이기도 하고요.

저는 이곳에서 어린 시절을 보내면서 정말 재미있게 놀았습니다. 친구들과 주변 산천을 돌아다니며 구슬치기, 딱지치기, 연날리기, 썰매타기, 자치기, 땅따먹기, 공차기 등을 하며 시간 가는 줄을 모르고 놀았습니다. 때로는 개구리를 잡아 뒷다리를 구워 먹거나 산에서 칡을 캐 먹기도 했습니다.

(원동초등학교 가을운동회에서 필자)

제가 다녔던 원동초등학교는 집에서 10리가량 떨어져 있었습니다. 당시는 책가방이 없어 보자기에 책을 싸서 등에 메고 다녔습니다. 학교에 가기 위해 거쳐 가는 길에는 보리밭과 논두렁이 펼쳐져 있었습니다.

하굣길에는 이런 보리밭과 논두렁이 우리들의 놀이터였습니다. 계절에 따라 논두렁에서 게를 잡기도 하고 과수원 서리도 하고 낙동강에서 수영도 했습니다. 사탕이나 라면 등을 친구들과 나눠 먹기도 했습니다.

어떤 문중의 묘사가 있는 늦가을에는 방과 후 떡을 얻어먹기 위해 10리 길을 내달려 묘사가 진행되는 산소로 달려가곤 했습니다. 어느 원동 장날에는 배추를 싣고 어머니가 끌고 가시는 리어카를 밀어 드리며 시장까지 갔던 기억도 납니다.

그런데 이런 즐거웠던 놀이도 갑작스럽게 끝이 났습니다. 원동초등학교 4학년을 마치고 5학년에 올라가자마자 아버님이 공부를 위해서는 부산으로 가야 한다고 해 초등학교 5학년부터 부산으로 전학하여 친척 집에서 공부하였습니다.

저를 전학 보낼 당시 아버지는 "앞으로 너와 한 이불을 덮고 자는 일이 있어서는 결코 안될 것이다"고 말씀하셨습니다. 아들은 힘든 농사를 짓지 않기를 바라셨던 것 같습니다.

돌이켜보면 이 순간이 제 인생의 큰 분기점 중 하나였습니다. 아버님은 부산중학교와 해동고등학교를 졸업하셨는데 아버지의 결단이 제 인생에 큰 변화를 가져오고 지대한 영향을 미치는 순간이었습니다.

(부전초등학교 시절 수학여행 장면, 오른쪽 서있는 학생이 필자)

아버님의 결단으로 부산으로 온 저는 부산 부전초등학교 2년을 다니고 졸업한 후 추첨에 따라 주례중학교에 진학하여 3년을 다녔습니다.

(부모님을 모시고 형제 자매가 원동 집에서)

초등학교 5학년인 어린 시절에 집을 떠나 친척집에서 공부하면서 가끔 주말을 맞아 고향집에 들러 부모님을 뵙고 갔습니다. 초등학교와 중학교 시절 여름방학 때는 벼농사를 돕거나 소풀 먹이기 등을 하며 보내고 겨울 방학 때는 지게를 지고 산에서 땔감 나무를 하거나 딸기 재배에 필요한 거적(일명 꺼지기)을 짜고 비닐하우스 농사를 거들었습니다.

(콤바인으로 벼 수확 작업을 하던 필자)

중학생일 때 2천 평의 밭에 경운기로 로타리를 치기도 하고, 눈이 오는 날에는 한밤중에라도 빗자루를 들고 딸기를 재배하는 비닐하우스에 가서 눈을 쓸어내리고, 콤바인으로 벼를 수확하는 작업 등을 하며 집안의 농사일을 도왔습니다.

1980년 초 중학교 졸업 후 추첨을 통해 부산 북구에 위치한 성도고등학교에 입학했습니다. 고등학교 시절에는 친척 집에서 나와 학교 인근에 전세방을 얻어 할머니께서 지어 주시는 밥을 먹으면서 학교를 다녔습니다.

(고등학교 시절 친구들과 함께, 둘째 줄 가운데가 필자)

고등학교 2학년 여름 방학 때까지 매 주말마다 고향집에 가서 부모님의 농사일을 도와 드리고, 방학 때도 다양한 농사일을 거들었습니다. 저의 생각으로는 부모님과 고향 친구들이 보고 싶기도 하고 집안일을 돕는 일이 당연하고 중요하다고 생각해 시간이 나면 고향집에 갔던 것입니다.

하지만 아버님은 지금 주말마다 와서 일손을 더는 것보다 공부를 더 열심히 하는 것이 중요하다고 말씀하셨습니다. 또한 아버님은 종종 "말은 나면 제주도로 보내고 사람은 나면 서울로 보내라"는 말이 있다고 하시면서 제가 서울에 있는 대학에 진학하길 바라셨습니다. 그리고는 공부가 끝나기 전에는 고향으로 돌아오지 말라며 공부를 더 열심히 하라고 했습니다.

시간이 흘러 고등학교 2학년 2학기가 되었습니다. 아버님의 말씀도 있있고 주변에서 대학 진학을 놓고 친구들의 고민도 늘어나고 있었습니다.

그때부터 대학교가 뭔지도 잘 모르면서 일단 대학에 입학하지 않으면 안된다는 생각을 하고 대학에 진학하기 위해 대학 진학 공부를 시작했습니다.

공부를 하다보니 그동안 공부를 너무 소홀히 했다는 생각이 들었습니다. 하지만 비록 뒤늦게 불이 붙었지만 공부를 해보니 재미도 있었습니다. 고 3에 올라간 후에는 매일 밤 방과 후 저녁 10시까지 학교에서 자습을 하며 대학 입시를 준비했습니다. 친구들과 서로를 격려하며 정말 늦은 밤까지 책을 붙들고 공부에 전념했습니다. 하지만 목표하는 대학에 진학하지 못했습니다. 고배를 마셨습니다. 처음으로 인생의 쓴맛을 본 것이지요.

고등학교를 졸업했지만 대학생이 되지 못해 소속이 없어지고 친구들 중 일부는 서울로 대학을 가고 하는 어수선한 상황이 한동안 계속됐습니다. 처음엔 무얼 해야 하는지 막막했습니다. 하지만 "공부가 끝나기 전에는 고향으로 돌아오지 말라"는 아버님의 말씀이 뇌리에 남아 다시 마음을 다잡고 부산의 청산학원에서 재수를 시작했습니다. 그리고 1년 후인 1984년에 한양대학교 상경대학 경영학과에 장학생으로 입학했습니다.

대학 생활과 서울 생활

1984라는 숫자를 저는 결코 잊을 수가 없습니다. 제가 한양대 84학번이기 때문만은 아닙니다. 평화로운 시대였다면 아마 저는 평범한 대학생으로 도서관을 다니면서 한편으로는 공부를 하고, 다른 한편으로는 화려하기도 하고 낭만적이기도 한 청춘 시절을 보냈을지도 모릅니다.

그러나 1984년 서울에 도착한 이후부터 저는 이런 생활이 불가능하다는 것을 직감했습니다. 재수 시절 꿈꾸던 대학 생활, 낭만적인 대학 생활은 민주주의와 인권이 이미 제도화된 국가들의 대학생들이나 누릴 수 있는 생활이라는 것을 알게 됐습니다.

부산에서 재수할 때 기대했던 대학 생활과는 현실이 너무나도 달랐습니다. 재수 생활이 짜증이 나고 힘이 들 때마다 "대학에 가면, 대학생이 돼 서울에 가면, 나도 명동에서 생맥주도 마시고 종로에서 경양식도 먹고 미팅도 하면서 재미있게 대학 생활을 보낼 것"이라고 생각했습니다.

하지만 그런 생활은 도저히 할 수 없었습니다. 대학에 들어온 순간부터 내가 그리던 낭만적 대학 생활을 즐기려면 우리 현실에 눈을 감고 주변의 아픔에 공감하지 않고 그저 일신의 영달만을 추구해야 한다는 것을 알게 됐습니다.

어렸을 때부터 우리 사회 미래의 주역이라 불리며 교육을 받은 우리는 주변의 아픔에 공감하고 그들에게 손을 내밀고, 공동체의 발전을 위해 책임감 있게 행동하라는 교육을 받아왔습니다. 당연히 저는 대학 입학 후 알게 된 우리 사회의 현실에 눈을 감을 수는 없었습니다.

여러분도 잘 아시다시피 당시 우리 사회는 한국 역사상 가장 중요하고도 힘겨운 격동의 한복판에 있었습니다. 그리고 대학생들과 청년들은 이러한 시대의 격동 속에서 조국과 사회 그리고 우리 사회의 구성원들에 대한 의무감과 죄책감, 그리고 미안함, 책임감 등과 같은 마음의 부채 의식을 가지고 있었습니다.

대학에 입학하면서부터 맞이하게 된 이러한 책임감과 부채 의식 그리고 열정은 당시 대다수 대학생들의 피를 뜨겁게 용솟음치게 했고 저도 낭만적 대학 생활과는 인연을 맺을 수 없었던 대학생 중 한 명이 됐습니다.

지금도 그 당시의 선택과 그 이후의 인생 행보에 대해 후회하지 않습니다. 그 당시 우리의 선택이 국민의 공감과 동참을 끌어내 국민과 함께 우리 사회의 민주주의를 가져왔고, 우리 사회가 조금이라도 더 자유롭고 정의롭게 발전하는 데 기여했다고 확신하기 때문입니다.

다만 내가 그 당시가 아닌 요즘과 같은 시대에 태어났다면 선배 세대들의 희생과 선택을 먼 옛날의 일처럼 책과 영화, 드라마 같은 데에서 배우고 즐기면서 조금은 더 개인적으로 낭만적인 대학 생활을 할 수 있지 않았을까 하는 그런 아쉬움은 있습니다.

하지만 제가 대학을 다니던 당시에는 이런 생각을 하는 것 자체가 사치일 정도의 상황이었습니다. 당시 우리 사회가 대학생들을 미래의 주역이라고, 그래서 미래의 엘리트라고 생각하고 갖던 기대도 지금보다 훨씬 더 높았습니다.

1984년 무렵 그 당시 대학을 다니면서 강의실과 동아리 모임에서 가장 많이 접했던 주제와 단어는 시대와 역사에 대한 죄의식과 고통이었습니다. 아마 당시의 대학 생활을 기억하는 분들은 많이 접했던 분위기였을 겁니다.

당시 대학에서 만난 존경할 만한 교수님들은 강의실에서는 쉽게 이야기하지 못했지만 사적인 자리에서는 "군부 독재 아래에서 형성되고 있는 억압의 시대에 맞서지 못하는 게 부끄럽다"며 "이런 나라에 가슴이 뜨거운 청년들이 없다면 그것은 우리나라가 미래가 없다는 말이다"며 우리들과 함께 뜨거운 토론을 하며 격려를 하던 그런 시절이었습니다.

물론 이러한 분위기는 희망적인 것이기도 했습니다. 우리가 좌절만 하고 현실에서 도피하는 그런 모습을 보이지 않았기 때문입니다.

　민주화가 좌절되고 절망에 빠졌던 나라에서 대학생들이 갖던 이런 책임감과 죄의식 등은 유신독재라는 폭압이 끝난 후 긍정적인 힘으로 작동했습니다. 우리 사회가 여기서 좌절하고 쓰러지지 않고 더 나은 사회, 더 좋은 국가로 나아가야 한다는 원동력이 됐습니다. 그리고 이러한 힘이 지금의 민주주의 국가 대한민국, 인권이 보장되는 대한민국의 기틀을 닦았다고 생각합니다.

　하지만 당시의 상황을 지금 회고하더라도 신출내기 대학생이던 저는 처음에는 그 이전까지 겪어보지 못했던 상황 속에서 심리적인 압박감과 부담감을 느꼈던 것 같습니다. 제가 재수 시절 생각하던 낭만적이고 폼나는 그런 대학 생활과는 완전히 다른 그래서 당혹스럽기까지 한 상황에 처음에는 잘 적응하지 못했습니다.

　그래서 한양대 입학식이 끝나고 수업이 시작된 후 한동안 저는 머뭇거리며 캠퍼스를 오갔습니다. 하지만 입학한 이후 각종 행사와 자료 그리고 경험을 통해 부산과 마산에서의 민주항쟁, 광주 민주화 항쟁 등 민주화 운동의 실태를 접하면서 점점 우리 사회가 직면한 구조적인 문제점들, 사회 전반에 만연한 각종 부조리와 비리에 대해 자각하게 되고 고민을 하지 않을 수 없었습니다.

(한양대학교 1학년 때 마라톤에 출전한 후 친구들과 함께, 오른쪽 첫 번째가 필자)

특히 반 대표를 맡으며 이런 생각은 굳어졌습니다. 우리 사회의 구조적 모순을 엘리트가 되고자 하는 학생들이 개인의 영달과 안락한 생활에 취해 외면한다면 우리 사회의 민주화는 요원할 것이며, 이는 생각이 있는 학생이라면 받아들일 수 없는 이기주의라는 생각에 학생회 활동에 적극적으로 참여하게 됐습니다.

(대학 졸업을 앞두고 친구들과 함께 한 지리산 등반, 오른쪽에서 두 번째가 필자)

아들 뒷바라지를 위해 고향에서 농사를 짓고 계신 부모님을 생각하면 너무나도 미안한 마음이 들었고 때로는 눈물이 나기도 했습니다. 하지만 우리 사회의 민주화와 구조적 모순을 타파하지 않고서는 인간다운 삶을 살 수도 없고 나라가 선진국이 될 수도 없으며 그러한 일들은 청년들이 나서지 않으면 해결될 수 없다는 생각이 저의 마음을 요동치게 했고 행동하게 했습니다.

(남명 조식 선생님이 후진을 양성하던 산청 산천재를 찾은 필자)

특히 어린 시절부터 고향에서 숱하게 접하고 영향을 받은 남명 조식의 '사직상소문(辭職上疏文)'의 구절들이 저의 결심을 더욱 강하게 만들었습니다.

많은 분들이 아시겠지만 조식 선생은 제 고향 경남 양산에서 그리 멀지 않은 합천군 삼가면 태생이시고 산청군 시천면에서 생을 마감하신 어른입니다. 당시 저의 마음을 울리고 결심을 굳게 했던 '사직상소문'의 주요 내용은 다음과 같습니다.

> 낮은 벼슬아치는 아래서 히히덕거리며 술 마시고 즐기는 일에 정신이 없고, 높은 벼슬아치들은 위에서 거들먹거리며 오직 백성의 재물을 긁어모으는 데 정신이 팔려 물고기의 배가 썩어 들어가는 것 같은데도 그것을 바로잡으려 하지 않았습니다.
> 뿐만 아니오라 조정의 내신들은 파당을 세워 궁중의 왕권을 농락하고 외신들은 향리에서 백성들을 착취하여 이리 떼처럼 날뛰면서도, 가죽이 다 닳아 없

어지면 털이 붙어 있을 곳이 없는 이치를 모르고 있습니다.

평소에 조정에서 재물로 사람을 임용하니, 재물만 모이고 백성은 흩어져 버렸습니다. 그래서 마침내 장수의 자격에 합당한 사람이 없고 성에 군졸이 없어서, 외적이 무인지경에 들어오듯 했으니 이것이 어찌 괴이한 일이겠습니까?

이런 나라 형편을 바로잡는 길은 여러 가지 다양한 나라의 법령에 있지 않고, 오직 전하께서 한 번 크게 마음먹기에 달려있는 것입니다. 하오나 전하께서는 홀로 전하께서 하시려 하는 일이 무엇인지 아시지를 못합니다.

진실로 전하께서 하룻밤 사이에 깜짝 놀라 새 사람이 되듯 깨달으십시오. 지금부터라도 학문에 힘써 덕을 밝히시고, 백성이 새로운 희망을 가지고 일어서게 하십시오. 착함과 덕을 펴는 정치를 하면 나라를 바르게 다스리고 흩어진 민심이 다시 전하께로 돌아오고, 위기를 평안하게 할 수 있을 것입니다.

이후 같은 생각을 가진 학교 친구들, 동료들과 함께 우리 사회의 모순을 타파하고 민주주의를 위해 노력했습니다. 그러다 1986년 10월 소위 건국대 사건으로 옥고를 치르게 됐습니다.

어머니의 눈물, 또 다른 1984

서울에서 대학을 다니는 줄 알았던 아들이 학생 운동으로 시국사범이 돼 구치소에 갇히게 됐다는 소식에 어머님은 눈물을 흘리셨다고 합니다. 그 소식을 나중에 듣고 저도 한스럽고 죄송스러운 마음에 가슴이 몹시 아팠습니다.

하지만 부모님은 한 번도 저한테 쓸데없는 일을 했다거나 잘못했다고 야단치시지 않으셨습니다. 정의감 있고 착하게 산 아들이 나쁜 일을 할 리가 없다는 확신을 가지고 계셨던 것 같습니다.

제가 구치소에 수감되어 있는 어느 한겨울 날 부모님과 함께 살던 제 여동생이 집이 춥다고 하자 아버지께서 "오빠는 지금 차가운 구치소에 있는데 우리가 어떻게 군불을 땔 수 있는가"라고 하시며 야단을 쳐셨다는 후문을 듣고 참 마음이 찡했습니다.

구치소에 있으면서 많은 고민과 생각을 하게 됐습니다. 이런 저런 책도 읽고 미래에 대한 고민도 많이 했습니다.

그때 저는 또 다른 1984를 만나게 됩니다. 영국 출신으로

(고향집에서 어머니와 함께)

세계적으로 유명한 작가이자 저널리스트로서 살았던 조지 오웰의 「1984」를 만나게 된 겁니다. 조지 오웰은 워낙 유명해 당시 대학가에서도 그의 사상에 관심을 보인 친구들이 많았습니다.

저는 이 소설을 읽으면서 독재가 첨단기술을 만나면 어떻게 더 악이 되고 억압적일 수 있는가를 경고한 조지 오웰의 심경을 조금은 이해할 수 있을 것 같았습니다.

억압적인 체제, 사상을 통제하고자 하는 디스토피아의 미래 세계에 대한 날카로운 풍자, 거기에 저항하는 인간의 의지와 좌절 등을 묘사한 「1984」는 저에게 참으로 깊은 울림을 주었습니다.

이후 저는 조지 오웰에 관심을 가졌고 그가 집필한 많은 책을 읽었습니다. 워낙 유명한 책들이라 이미 다른 친구들은 대부분 재학 시절 읽었을 그 책들을 뒤늦게 수형 생활과 그 이후 복학을 준비하면서 읽게 된 것입니다.

저는 조지 오웰이 경고하고 그리고자 했던 우리 사회, 세상에 대한 애정과 걱정에 대해 깊이 공감하고 있습니다. 특히 21세기 들어 세상의 디지털화가 점점 더 가속화 하면서 수십년 전 그가 발신한 경고와 예지력에 대해 경탄하고 있습니다. 동시에 디스토피아가 아닌 인간과 기술의 공존, 지속 가능한 민주 사회를 기술의 발전 시대에도 유지하고 더 발전하게 하기 위해서 필요한 일들을 찾고 계속 노력해야겠다고 더욱 굳은 결심을 했습니다.

세월이 많이 흘렀습니다. 돌이켜보면 제가 대학을 다니던 시절에 우리 사회는 독재에 저항하고 민주를 지향하며 불평등과 부패에 맞서는 지식인의 용기를 주문하고 있었습니다. 때문에 그 당시 시대의 요구에 따랐던 저 자신의 행동에 자부심을 갖고 있습니다.

돌이켜보면 당시 대학을 다니면서 저도 현실에 눈을 감고 안락한 삶을 추구할 수도 있었습니다. 물론 지금까지 살면서 단 한 번도 독재와 부패와 반인권적 시대에 눈을 감고 그 시대의 제도에 편입되는 그런 길을 가지 않은 데 대한 아쉬움을 느꼈던 적은 없었습니다. 또한 그런 길을 간 다른 이들을 비난한 적도 없습니다.

당시의 시대상에서 다들 나름의 선택을 했고 나름의 방식으로 우리 사회의 발전에 기여해왔고 현실에 적응하며 생활해 온 것이기 때문입니다. 마찬가지로 당시의 우리의 행동에 대해 비학생운동권 출신의 일부 인사들이 지금의 상황에서 한때 학생운동에 참여했던 인물이라며 표적을 만들고 이를 이유로 비난해대는 것은 도저히 용납할 수 없습니다.

당시 학생운동을 했기 때문에 현재의 나를 인정해 달라고 말하는 것이 아닙니다. 분명 당시의 시대는 우리의 행동을 필요로 했고 그것이 우리 사회의 진보와 민주주의 발전을 가져오는 데 큰 기여를 했습니다. 그리고 대부분의 학생운동권 출신 동료들은 운동의 자리에 머물지 않고 이후 우리 사회의 민주화에 발맞춰, 일부는 운동의 영역에서 대부분은 각자의 전문 분야에서 묵묵히 그리고 열심히 생활했습니다.

저도 마찬가지였습니다. 물론 그 때의 그 자부심과 사명감을 잊어버리지는 않았지만 그곳에 그리고 그 당시의 감정에 머무는 것이 아니라, 더 넓은 지식과 더 깊은 고민 그리고 성찰을 바탕으로 우리 사회의 미래를 위해 노력해왔습니다.

저 자신도 그랬고 동시대의 많은 우리 시대의 대학 생활을 했던 동료들, 젊은이들이 그런 식의 삶을 살아왔습니다. 그러면서도 그 당시의 순수한 열정의 마음을 잃지 않고 생활해 왔습니다.

아직도 그때의 순수한 열정은 여전히 가슴속 깊이 새겨져 있습니다. 저의 고향 양산과 우리 사회 그리고 나라의 발전에 제가 기여할 기회가 제게 주어진다면 확실하고 분명한 성과를 내기 위해 공부하고 준비하고 있습니다.

복학과 더 깊은 공부를 위한 선택
소련 유학

건국대 사건으로 구치소에 수감되어 있다가 출소한 이후 시골집에 내려왔을 때의 일입니다. 어머니가 주무시다 제가 옆에 있는 모습을 보시고 "이게 꿈인지 생시인지 몰라 살을 꼬집어 본다"고 말씀하셨습니다.

그때 부모님의 심정을 조금이나마 헤아릴 수 있었습니다. 정말로 부모님의 한없는 사랑을 느낄 수 있었습니다. 그리고 한편으로는 죄송스러웠습니다.

1987년 6월 항쟁과 이를 통한 직선제 쟁취가 이루어졌습니다. 우리 국민들도 이제는 주권자의 손으로 직접 투표를 통해 우리 지도자를 선출할 수 있게 됐습니다. 정말로 큰 보람을 느꼈습니다.

학교에 복학한 후 정말로 열심히 공부했습니다. 이제는 내가 원하던 민주화도 이룩됐고 했으니 부모님의 말씀대로 제대로 공부를 끝내고 싶었습니다.

하지만 공부에 전념하기까지는 쉽지 않은 마음의 갈등이 있었습니다. 6월 민주항쟁의 결과가 곧바로 민주주의자 대통령의 탄생으로 이어지지 않았기 때문입니다. 1980년대 당시 민주화를 위해 마음을 모았던 우리 시대의 많은 사람들이 겪었던 또 한 번의 좌절과 실망을 저도 느꼈습니다. 학생 운동에 열심이었던 친구들의 실망은 더욱 컸습니다. 친한 친구들끼리 모여 울분을 토하고 진로를 놓고 고민했습니다.

이 과정에서 저는 열정과 운동의 시대는 이제 지났다는 생각을 했습니다. 세계는 급격히 변하고 있는데 그 흐름을 정확히 읽고 싶었습니다. 그리고 그 속에서 한국이 발전할 수 있는 도약의 기회와 실력을 찾아내는 데 기여하고 싶었습니다. 6월 민주항쟁이 이룩한 민주 제도의 구축만으로도 내가 입학 후 가졌던 사회에 대한 엘리트 대학생의 부채 의식을 어느 정도 털어냈으니 이제는 실력으로 우리 사회의 민주주의 제도를 더욱 강하게 만들 책임이 더 중요하다는 생각을 하게 됐습니다.

제도는 확보했는데 그것이 왜 제대로 작동하지 않는지에 대해 진지한 고민을 하게 됐습니다. 그래서 민주주의를 위한 제도를 완성한 다음에 그것이 제대로 작동하게 하기 위해서는 정말로 경쟁력 있는 실력이 필요하다는 것을 절감했습니다.

열정과 운동의 힘으로 독재와 군부 쿠데타 세력을 종식 시켰으니 이제 진정한 민주주의 사회의 달성과 민주와 인권의 지속 가능한 보장을 위해 실력을 연마할 때라는 생각을 개인적으로 하게 됐습니다.

물론 아직은 더 열정과 운동이 필요하다고 생각하는 친구들도 있었고 또 다른 생각을 갖고 있던 친구들도 있었습니다. 다 나름대로 타당한 이유가 있었던 논리라고 생각합니다.

이런 상황 속에서 시간을 보내면서 대학 생활을 마무리 지어가던 1988년의 어느 봄날 저는 인생의 또 다른 전기가 될 상황과 맞닥뜨리게 됩니다.

당시 전국민주화교수협의회 사무총장을 역임하셨던 여운승 교수님이 저를 교수실로 불렀습니다. 그리고 대학원에 진학하여 현장과 이론이 접목된 학문인 경영학을 보다 깊이 있게 해보는 것이 어떻겠냐고 권유하셨습니다. 마침 정치나 노동 운동의 현장이 아닌 정말로 경쟁력 있는 실력을 배양하기 위해 이론과 현실이 접목된 공부를 하고 싶었던 저는 교수님의 권유를 즉각 받아들입니다.

그래서 교수님의 권유에 따라 1988년 9월 한양대 대학원 경영학과 석사과정에 진학하였습니다. 대학원을 다니면서 우리나라 기업의 경쟁력과 기업인들의 내면을 이해하고 세계적인 경쟁력을 확보하기 위해서는 무엇이 필요한지를 알아내려 열심히 공부했습니다.

이렇게 도서관과 강의실 그리고 가끔씩 기업 현장 실사를 다니거나 논문을 작성하기 위한 설문조사 등을 하며 대학원 시절을 보냈습니다. 그런데 이 시기 매우 중요한 사건이 생깁니다. 바로 88 서울 올림픽이 열린 것입니다.

서울 올림픽은 모두 알다시피 분단국인 한국이 이념적 갈등을 극복하고 민주주의 국가와 공산주의 국가 모두를 참여시켜 성공적으로 거행한 통합 올림픽이라는 점에서 의미가 큰 대회였습니다. 특히 서울 올림픽 이전의 1980년 모스크바 올림픽과 1984년의 로스앤젤레스 올림픽이 각각 민주진영과 공산진영의 불참으로 반쪽짜리 올림픽이 됐던 것과 비교하면 정말로 의미가 크고 각별한 대회였다고 할 수 있습니다. 특히 소련이 참가함으로써 공산권 국가들과 한국의 교류도 획기적으로 진전될 수 있는 분위기가 형성됐습니다.

당시 한양대학교 중소연구소(中蘇硏究所)는 국내 대학에서 공산권 지역을 연구하는 독보적인 연구기관이었습니다. 88 서울 올림픽 직전에 소련과학원 극동연구소 미하일 티타렌코 소장과 대표단을 초청하여 국내 최초의 한·소 국제학술회의를 개최했습니다. 이 당시 제가 중소연구소의 선배님들을 도와 심부름을 하면서 소련 연구에 대해 흥미를 갖게 되었습니다.

1988년 가을의 어느 날 학부 지도교수님이셨던 박정대 교수님이 저를 교수실로 불렀습니다. 그리고는 경영학을 전공하는 사람은 많고, 곧 소련과 수교가 이루어질 것 같으니 소련 유학을 준비하면 좋겠다고 말씀하셨습니다. 당시는 미하일 고르바

(한양대 중소연구소 연구조교 시절 유세희 소장님과 동료들과 함께, 윗줄 왼쪽에서 두 번째가 필자)

초프 소련 공산당 서기장의 페레스트로이카 개혁이 세계적인 화두이던 시절입니다. 공산권의 개혁과 개방이 공산주의 종주국 소련에서 일어나고 있었고 이를 전 세계가 주목하며 그 파장을 읽어내려 노력하던 시절이었습니다.

저도 이런 뉴스들을 접하면서 소련에 가서 직접 상황을 지켜보고 싶었습니다. 그런데 학부 지도교수님이 소련 유학을 준비해보라는 말씀을 하시니 너무나도 기뻤습니다. 그래서 소련 유학 기회가 주어진다면 꼭 가야겠다는 생각에 곧바로 러시아어를 배우기 시작했습니다. 동시에 중국 및 소련 연구 전문기관

(모스크바 극동연구소 교환연구원 시절 동료들과)

인 중소연구소에서 연구조교로 근무하게 됩니다.

경제에 대한 관심이 컸고 기업들에 대한 전문적인 연구를 하는 경영학을 공부했기 때문에 저는 개혁 개방을 통해 자본주의 국가와의 접목을 시도하던 고르바초프의 소련에 관심이 많았습니다. 소련 경제 개혁의 현장, 변화의 현장을 보고 싶었습니다. 기회가 된다면 정말로 소련에 가서 연구하고 싶었습니다.

그래서 경영학 석사과정을 마치고 난 이후 소련에 유학가서 당시 한국에서는 매우 관심이 적었던 소련 경제를 연구하겠다는 포부를 가지게 되었고, 이를 제대로 실행하여 장차 대한민국의 경제발전에 기여하겠다는 목표를 세웠습니다. 일단 소련 경제를 알려면 그 나라 말을 알아야 했습니다.

그래서 한국외대 노어과를 찾아가서 조교 선생님께 부탁하여 개인지도를 받았습니다. 어렵다는 러시아어를 열심히 공부했습니다. 목표가 있으니 공부도 잘됐습니다. 일주일에 1과씩 문법을 배우면서 28과를 끝낼 때는 거의 300쪽에 달하는 러시아어 문법책을 통째로 외우다시피 했습니다.

1990년 11월 마침내 기회가 왔습니다. 한양대 중소연구소가 모스크바 소재 소련과학원 극동연구소와 교환협정을 맺어 제가 국내 최초의 소련 교환연구원으로 파견된 것입니다. 모스크바 소재 소련과학원 극동연구소에 3개월 동안 파견되었고, 이듬해 11월에 2차 교환연구원으로 다시 파견되어 연구활동을 했습니다.

이후 1992년 2월부터는 모스크바국립대학교 경제학부 박사과정에 입학하여 모스크바에서 생활하면서 공부를 했습니다.

최초의 소련 교환연구원으로 경험했던 소련은 이미 러시아로 국호가 변경돼 있었고 지도자도 고르바초프에서 옐친으로 바뀌어 있었습니다. 모스크바의 분위기와 사람들의 의식도 소련 시절과는 완전히 달랐습니다. 공산제국의 몰락과 민주 러시아의 탄생은 세계사적인 전환의 과정이었습니다.

하지만 그 과정에서 목격되는 현실의 러시아와 러시아인들이 겪었던 모습들은 매스컴에 보도되는 단편적인 장면이나 기사로만은 설명할 수 없을 정도로 복잡하고 미묘한 장면들이 많 았습니다.

(모스크바 극동연구소 교환연구원 시절 동료들과, 왼쪽 첫 번째가 필자)

폐업과 파업, 개혁과 부패, 혁신과 혼란이 뒤섞여 혼란스러운 모습이 지구에서 가장 영토가 넓은 다민족 국가 러시아에서 매일같이 벌어지고 있었습니다. 그리고 그 속에서 실직과 연금 체불, 치솟는 물가와 무너져 가는 사회 윤리 속에서 고통을 받던 러시아인들의 모습들이 겹쳐지던 시절이었습니다.

당시 세계와 전문가들은 대체로 시대의 변화에 빠르고 민감하게 반응하는 사람들과 기업들의 이야기에 열광하고 주목했습니다. 드라마보다 더 재미있는 정치와 사회가 바뀌는 상황에 주목하고 연구도 했습니다. 저도 이런 부류에서 자유롭지 않습니다. 하지만 그 이면에는 제도의 변화가 가져온 결과에 제대로 적응하거나 반응하지 못하면서 고통받고 쓰러지는 평범한 일반인들의 모습들도 있습니다. 그들이 교육받고 믿었던 기존의 가치들이 흔들리고 무너지면서 허무감에 허우적거리는 삶은 그래서 모스크바의 엄혹한 겨울과 겹쳐지면서 더욱 스산하고 무섭기도 하고 애잔하기도 했습니다. 하지만 이러한 그들의 몸부림은 대체로 변화와 혁명의 과정에서 그림자로도 기록되기 어려웠습니다.

이러한 모습들을 현장에서 지켜보면서, 특히 기업과 경제를 연구하던 저는 한 국가의 흥망성쇠에서 중요한 거시적인 흐름들과 함께 그러한 변화의 과정 속에서 때로는 매몰되고, 때로는 기회를 찾게 되는, 변화 속의 개인의 삶에 대해 더욱 깊은 관심을 갖게 됐습니다.

이런 혼란과 희망의 격동 속에서 모스크바에서 겨울을 5번 맞이하고 봄을 4번 보냈습니다. 여름이 끝날 무렵이 되면 벌써 기나긴 겨울을 어떻게 견뎌낼지 걱정이 되곤 했습니다. 그래도 목표와 꿈이 있으니 견딜만했습니다.

유학생활을 통해 학문적 성취뿐 아니라 요리솜씨도 늘었습니다. 그전에는 라면밖에 끓이지 못했지만 먹고 살기위해 가져

간 요리책을 보며 음식을 직접 만들다보니 어느새 실력이 늘었습니다. 가끔 현지 친구들을 초청하여 불고기, 닭도리탕, 국수 등을 대접하면 맛있게 먹었습니다.

1995년 말 저는 모스크바 대학에서 경제학 박사학위를 취득했습니다. 당시 논문 주제는 '이행기 러시아의 정부 경제규제제도 형성에 관한 분석: 한국의 경험을 참고하여'였습니다. 사회주의 계획경제에서 자본주의 시장경제체제로 전환하는 과정에서 필요한 정부의 역할에 관한 내용입니다.

(모스크바 대학에서의 박사학위 심사 장면,
오른쪽 첫 번째 창가에 앉아있는 사람이 필자)

(필자와 아내의 결혼식 장면)

이제 학위를 마쳤으니 서울로, 고국으로 돌아가야겠다는 생각을 하고 비행기 표를 끊었습니다. 처음엔 박사후과정 연구와 실무 경험을 쌓기 위해 유럽이나 다른 곳에서 좀 더 공부를 할까 하는 생각도 했지만 서울로 가고 싶었습니다.

고국에서 제가 가진 역량을 발휘하고자 하는 욕망도 컸지만 무엇보다 1994년 결혼한 아내와 함께 시간을 보내고 싶었기 때문입니다.

(평생의 동반자이자 동지인 아내와 함께)

유학 생활이 막바지로 흘러가던 1994년 8월, 저는 여름 방학을 이용하여 한국에 돌아와 아내 기모란과 결혼했습니다. 아내와 저는 학창 시절 농촌활동에서 만난 이후 지금까지 인생의 동반자이자 동지로서 여전히 서로를 응원하며 지내고 있습니다.

지금까지 저와 아내는 작은 문제에 있어서는 서로 다투기도 하지만 본질적이고 큰 문제에 있어서는 다툰 적이 없습니다. 우리 사회와 국가의 미래에 대해서는 같은 철학을 공유하고 있고 이것이 큰 행복이라 생각합니다. 그리고 저는 아내가 항상 부족한 저를 이해하고 배려해 주려 애쓰는 것을 잘 알고 있고 그런 모습에 깊은 감사의 마음을 가지고 있습니다.

결혼과 묵점 기세춘 님과의 만남

아내는 동양고전 철학자로 널리 알려진 장인(기세춘)의 가르침을 어려서부터 받아서인지 항상 조용한 모습입니다. 하지만 끈기가 강하고 자애로운 성품의 학자이자 정의로움을 추구하는 활동가이기도 합니다. 코로나19(COVID-19)가 창궐하던 때에는 학교를 잠시 떠나 청와대 대통령비서실에서 방역기획관을 맡아 정책과 행정에 관여한 경험도 있습니다.

아내의 끈기와 정의로움은 장인을 많이 닮은 것 같습니다. 장인은 묵점 기세춘으로 알려진 선비이시자 행동하는 지식인이셨습니다. 장인의 저서 「주역대전(周易大全)」 출간위원회 위원장을 맡으셨던 이은영 선생님이 말씀하신 그대로 장인은 "한마디로 말해 선비였습니다."

저는 이런 장인께 정말 많은 가르침을 받았습니다. 장인께서는 사랑하는 딸과 결혼한 저에게 늘 동지처럼 격의 없이 편하게 대하시며 깊은 사랑을 주셨고 사위의 기개를 최대한 세워 주시려 하셨습니다.

제가 기억하는 장인은 한학자이셨습니다. 그것도 단순히 유

(장인 묵점 기세춘 선생의 1주기 추모 및 주역대전 출판 기념회 사진)

가의 군자(君子)를 지향한 한학자가 아니라 우리 한민족의 '선비'를 지향하셨던 분입니다.

저는 선비는 지식인이나 양반에 국한되는 호칭이 아니라고 배웠습니다. 선비는 약자와 민중들 편에 서서 정의와 실사구시와 평화를 추구한다고 배웠습니다. 장인은 동서고금을 꿰뚫는 해박한 지식을 갖추고 언제나 민중의 편에서 평화를 역설한 사상가이자 실천가였습니다. 저는 장인에게 이런 정신을 배웠고 이는 제가 지금까지 살아가는 데 큰 좌표가 되었습니다.

지난 2023년 5월 장인의 유고 「주역대전」의 출간 기념회가 열렸습니다. 장인이 창립하신 한국묵자연구회에서 같이 활동하고 서로를 아끼던 많은 분들의 도움으로 책이 출간됐습니다. 정말 감동스러운 모습의 출간 기념회였습니다. 당시 장인을 기리며 출간사를 써주신 이은영 선생님의 출간 기념사 일부를 여기에 소개하고자 합니다.

또 장인께서 생전에 자신을 "세상에 알렸다"며 각별한 인연을 이어간 한겨레 신문의 조현 기자님의 글 일부를 같이 소개 드립니다.

항상 존경하는 장인을 생각하며 주역대전 출판위원회 이은영 선생님과 소춘수 간사님, 김승국 박사님 등 장인을 기억하시는 다른 모든 분들에게도 감사의 말씀을 거듭 드립니다.

묵점 기세춘과 재번역운동

반독재 민주화운동의 원로이자 진보적 한학자로 알려진 묵점 기세춘은 김진균 교수, 홍근수 목사, 신영복 선생 등과 서로 가까운 동지이자 함께 책을 펴낸 공저자들이다. 한편 묵점 선생을 포함해 이 분들을 가르치셨던 스승들이 계신다. 서영훈, 이구영, 문익환 등 민족지도자이자 당대에 어른으로 우뚝섰던 분들이다. 묵점 선생은 이분들을 존경하면서도 마치 가까운 벗처럼 담백하게 모셨다. 묵점 선생은 역시 당신의 제자들에게도 벗으로 대하고, 당신도 벗으로 대접받기를 원했다. 벗과 벗으로 이어지는 사제지간의 대물림은 마치 깊은 강물처럼 도도하다.

선생은 1935년 전북 정읍 북면 묵점 마을에서 고봉 기대승의 15대손으로 태어났다. 선생의 부친이 마을에서 서당을 운영하고 있었다. 서당 운영은 겉으로 내건 신분일 뿐, 선생의 부친은 매부인 백남운 선생을 따라 비밀리에 독립운동에 나섰고, 해방 후 남북 합작파로 활동했다. 백남운 선생이 월북하자 그의 부친은 활동을 접고 칩거했다.

선생의 조부는 구한말 의병에 참가했다. 조부는 집안 형님인 기삼연 의병장을 따라나섰고, 영암 월출산 전투에서 의병장이 전사하자, 소부대로 분산하여 투쟁을 이어가다가 정읍 북면 묵점 마을로 가족을 이끌고 들어와 서당을 열었다. 기 선생의 3대에 걸친 가족사 역시 우리 민족의 근현대사와 겹쳐 깊은 강물처럼 도도히 흐른다.

'서당 집 아이'였던 선생은 5살에 서당에 들어가 만 7년 만에 사서삼경을 모두 마쳤다. 일제 강점기에는 왜놈 교육을 시킬 수 없었고, 미군점령기에는 서양 교육이 마뜩치 못했던 부친과 집안 어른들의 반대로 기 선생은 신식학교에 가지 못하다가 1948년 반쪽 정부가 서고, 의무 교육법이 생기자 면장의 강권을 거절하기 어려웠던 선생의 부친은 그를 초등학교 5학년으로 편입시켰다. 이후 선생은 전주사범을 졸업했다.

(묵점 기세춘 선생의 왕성한 학술 활동 장면)

1960년 4월, 선생은 고교시절 '의혈동지회'를 결성해 이승만 독재에 항거하던 동지들과 서울에서 만나 함께 4월 혁명에 참여했다. 그리고 1963년 '의혈동지회' 회원을 주축으로 <동학혁명연구회>를 만들어 창립회장을 맡았다.

그러나 그 공부 모임에 불행이 닥쳤다. 소위 통일혁명당 사건 조작에 연루된 것이다. 중앙정보부는 월북한 선생의 고모부인 백남운과 엮으려 선생에게 모진 고문을 자행했다. 묵점 선생이 죽기로 버티며 끝내 허위자백을 거부하자 중앙정보부는 그에게 기소유예 처분을 했으나, 통혁당 사건 재판 내내 군대 막사에 불법으로 가두어 놓았다.

신영복 선생 등 동학혁명연구회 회원 다수가 간첩으로 몰려 억울한 옥살이를 하는 것이 묵점 선생에게는 두고두고 더 큰 고문이었다.

선생은 통혁당 사건 이후 안정된 공무원직을 잃었고, 정상적인 재취업은 불가능했다. 어렵사리 얻은 '교육평론사' 주간 자리도 1972년 10월 유신 쿠데타 이후 정부의 압력으로 그만두어야 했다.

선생은 오래도록 사람 만나는 일을 피했다. 이토록 스스로를 창살 없는 감옥에 가두다보니 오직 한시와 동양고전이 당시 그의 도피처이자 유일한 낙이었다.

선생의 후배이자 존경하는 동지였던 신영복 선생이 사형에서 무기로 감형을 받은 뒤 1988년, 20년의 형기를 채우고 가석방되었다. 이후 묵점 선생의 20년 창살 없는 감옥살이와 절망과 분노의 방황도 시나브로 끝나갔다. 선생은 재야활동을 재개했다.

선생이 재야인사에서 동양사상가로 변신하는 데는 몇몇 사건들과 사람들이 계기가 되었다.

첫째는 앞에서 말한 신영복의 출소다. 둘째는 문익환 목사와 옥중서신으로 묵자에 대해 토론한 사건이다. 묵점 선생의 첫 번째 저서인 <천하에 남이란 없다-묵자>(1992)를 읽고 문익환 목사께서 선생에게 편지를 보낸 후, 두 분이서 편지를 통해 토론한 내용이 후에 <예수와 묵자>(1994)란 책으로 나왔다. 셋째는 소설가 이윤기와 만남이다. 90년대 초, 주말마다 과천의 농장에서 오전에는 몇 두렁의 남새밭을 가꾸고 오후에는 담소를 나누는 모임에 필자가 묵점 선생을 초대했다. 여기서 선생은 그리스 신화 전문가인 이윤기를 만나 회칠한 무덤

이 돼버린 동서양 고전의 오염을 걷어내는 재번역운동이 필요함을 공감하고 서로 의기투합했다.

그의 인생에 새로운 목표가 생겼다. 묵점선생은 경전의 바른 번역을 인생목표로 설정했다. "지금까지 서점에 깔린 동양고전 번역서를 모조리 불태우라"며 자극적이고 도전적인 발언도 불사했다. 선생의 제대로 된 동양고전 번역작업은 유가(儒家) 묵가(墨家) 도가(道家)에 관한 20여 권에 달하는 책을 냄으로써 현재 어느 정도 완성된 것처럼 보인다.

2023년 5월 '주역대전' 출판위원장을 맡았던
이은영 선생님의 발간사 중 일부

허장성세에만 현혹되는 세상의 수준이 기 선생님 같은 재야의 숨은 고수를 제대로 발굴하지도 진면목을 알아보지도 못한 것이 안타까울 따름이다.

수천 년간 틀에 박힌 동양고전에 대한 해석 틀을 기 선생님만큼 깨고 부수어 법고창신한 인물이 어디에 있었던가.

기 선생님은 틀을 깨기 위해 태어나신 분인 것만 같다. 한문 고전 실력도 탁월하지만, 한문 고전만으로는 그만한 실력파가 없지 않을 것이다.

그러나 할머니를 위해 부친이 마을에 세운 교회를 다니며 목사가 되려고 할 만큼 동양사상에서 기독교를 접붙인 듯 일찍부터 동서양의 회통을 경험한 그의 안목은 한 가지 종교나 한 가지 사상에 붙들린 학자들과는 완연 다른 기풍을 내보였다.

그는 또 한때엔 입산해 산사에서 살며 불교를 접했다. 유·묵·불·기독교·동학과 동양과 서양, 과거·현재·미래가 '기세춘' 안에서 태극처럼 회오리쳤다.

더구나 기고봉의 후예인 조부모와 부모분 아니라 신동엽 시인, 신영복 교수, 김대중, 문익환 등 그는 한국사의 주역들과 함께 어우러지며 사상의 한류, 현실의 한류를 배태했다.

'마음엔 두려움이 없고

머리는 높이 쳐들린 곳

지식은 자유스럽고

좁다란 담벽으로 세계가 조각조각 갈라지지 않는 곳

진실의 깊은 속에서 말씀이 솟아나는 곳

끊임없는 노력이 완성을 향해 팔을 벌리는 곳

지성의 맑은 흐름이

굳어진 습관의 모래벌판에 길 잃지 않는 곳'

타고르의 <동방의 등불>이란 시를 읽을 때 가장 먼저 떠오르는 인물이 바로 기세춘이다. 오직 저만 옳다는 아집과 편당, 탐욕에 물든 자들이 풍기는 고린내가 여전히 진동하는 세상에서 기세춘은 오래 묵은 벽장 같고 창고 같은 두개골과 가슴에 불어오는 솔바람이었다.

기세춘 선생 1주기 추모집에 실린
조현 기자의 추모글 중 일부

저는 이런 묵점 선생님을 장인으로 모시며 우리 사회, 우리 시대 지식인의 삶이 어떤 것이어야 하는지를 항상 잊지 않고 실천하려 노력하고 있습니다.

또한 평생의 동지이자 반려인 아내 기모란 박사와도 서로를 격려하며 지내고 있습니다. 아내는 1991년 한양대학교 의과대학을 졸업하고 예방의학 전문의로서 현재 국립암센터 국제암대학원대학교의 교수로 재직하고 있습니다. 아내와의 사이에는 아들이 하나 있습니다. 아들은 육군을 제대한 후 대학교에 재학 중입니다.

(가족사진)

귀국 그리고 전문가의 길

1996년 1월 마침내 서울에 돌아왔습니다. 1991년 11월 모스크바로 떠난 지 4년 2개월 만이었습니다. 귀국 후 처음 자리를 잡은 곳은 유학가기 전에 근무하던 한양대학교 중소연구소였습니다. 이후 아태지역연구센터로 확대 개편된 이곳에서 2002년 여름까지 교육부 박사후과정(Post-doc) 펠로우, 연구교수 등을 역임하면서 연구와 강의에 전념했습니다.

서울은 많이 변해 있었습니다. 군부 정권은 이제 종식됐고 사회도 활력이 있어 보였습니다. 87년 6월 민주항쟁의 결과가 비록 더디지만 이렇게 국가의 분위기를 바꾸고 있다고 생각하니 새삼 감개무량했습니다.

개혁의 타이밍을 놓쳐 국가의 해체를 겪은 소련의 모습을 유학 시절 직접 목격한 터라 국민의 깨어있는 양심과 행동으로 우리나라의 민주주의를 발전시켰다는 점에서 대한민국에 대한 자부심이 더욱 커졌습니다.

그런데 귀국 후 몇 달이 지나면서 저는 점점 한국 경제에 대한 불안한 마음을 갖게 됐습니다. 겉으로는 괜찮아 보이지만 경제의 성장동력이 식어가고 있고 무엇보다 대외경제 환경의 변화에 대한 정부의 대응 정책이 너무 안이하다는 생각이 들었습니다. 특히 무역수지 적자 규모가 커지는 것이 못내 불안했습니다.

(레오니드 아발낀 러시아과학원 경제연구소 소장 초청 특강 후 한양대 국제학대학원 학생들과 함께)

이러다 뭔가 경제에 파국이 오지 않을까 하는 걱정이 저뿐만 아니라 동료 경제학자들 사이에서도 간간이 나오던 그런 상황이었습니다.

당시 전문가들 사이에서는 한국 경제의 외화내빈 상태가 너무 심하다는 비관론이 확산하고 있었습니다. 외형과 홍보는 화려해졌지만 정작 속사정을 들여다보면 부실의 늪에 빠지는게 아니냐는 걱정들이 커져가고 있었던 것이지요. 거시경제와 기업 및 금융 부문 모두 그랬습니다. 국내총생산(GDP) 성장률은 높았지만 속 빈 강정이었습니다. 대외 신인도는 과거보다 높았지만 이를 바탕으로 외채를 최대한 끌어오다 보니 리스크가 커졌고 이런 상황에서 경상수지 적자로 외화가 빠져나가면서 외환보유액이 감소하고 있었습니다.

하지만 정부와 관변의 주요 학자와 전문가들은 한국 경제의 가장 기초적인 경제지표를 뜻하는 펀더멘털이 튼튼하다며 걱정할 필요가 없다는 소리만 냈습니다.

당시 청와대 경제수석이던 김인호는 1997년 10월 10일 기자들과 만난 자리에서 "우리 경제의 기초여건, 즉 펀더멘털은 뚜렷한 개선 추세를 보이고 있다. 최근 주가는 이 같은 경제 상황을 제대로 반영하지 못하고 있다. 장기적으로는 상승할 수밖에 없다"고 말했습니다.

또 당시 경제부총리 겸 재정경제부 장관이던 강경식은 1997년 10월 27일 확대 경제장관회의에서 "한국 경제는 펀더멘털이 건실해 동남아 국가와 같은 외환·금융시장의 위기상황으로는 이어지지 않을 것이다"고 했습니다.

하지만 외환위기가 터졌습니다. 여러분도 다 아는 IMF 관리체제에 들어가는 참혹한 경제 위기가 발생한 것입니다.

줄줄이 기업들이 도산했습니다. 아무도 내 인생을 책임져주지 않는다는 정리해고와 실업에 대한 공포가 확산했습니다. 한국사회는 외자 유치와 국내 자본시장의 글로벌 개방이라는 상황에 최고속도로 내밀렸습니다. 그 이후의 상황은 여러분이 더 잘 아실 겁니다.

저는 경제학자로서 절망했습니다. 왜 이러한 사태를 사전에 적절하게 경고해 막지 못했는지를 스스로 설명하기가 어려웠습니다. 한때 학생운동을 했던 사람으로서 절망감은 더 컸습니다. 민주화를 외친 것도 더 독립적이고 민주적이고 더 윤택한 대한민국을 위한 것이고 이는 결국 국민 모두가 행복한 삶을 살 수 있기를 바라는 마음에서 한 것인데 국가 전체가 경제 위기에 내몰리는 상황을 왜 제대로 막아내지 못했는지 전문가로서 정말로 한탄하면서 시간을 보냈습니다.

수도 없는 밤을 저 스스로 묻고 스스로 대답하는 과정을 거친 후 저는 한국 경제가 이제는 글로벌 경제의 흐름을 몰라서는 제대로 운용될 수 없다는 점을 절실히 느꼈습니다.

외국을 좀 더 잘 알아야 한다는 생각이 들었습니다. 무엇보다 미국의 본질과 미국 경제의 운용원리 그리고 글로벌 전략

등에 대해 이해할 필요를 절감했습니다.

그래서 그때부터 국제경제 및 무역 통상에 대한 더 깊은 공부를 하기로 했습니다. 단순히 경제적 시각만이 아니라 그 나라와 지역 경제에 대한 이해를 높이려 각 분야의 전문가들과 공부 모임을 만들고 협동 세미나도 많이 진행했습니다.

2002년 미국과 세계 경제를 좀 더 깊게 이해하고자 다시 유학을 떠났습니다. 이번에는 방문학자 자격으로 2002년부터 2004년까지 미국 하버드대학교와 미시간대학교에 적을 두고 공부를 했습니다.

(하버드대 데이비스 센터 소장 티모시 콜턴 교수 자택에서, 오른쪽에서 두 번째가 필자)

하버드와 미시간 대학에서 각각 1년씩 보낸 2년간의 경험은 저의 견문을 좀 더 넓혀 주었습니다. 그곳에서 세계적인 석학들과 함께 연구를 수행하고 네트워크도 구축했습니다. 이 과정에서 발표도 많이 했고 『Post-Soviet Affairs』와 같은 저명 국제학술지에 논문도 썼습니다.

(하버드대 데이비스 센터 세미나에서 발표하는 필자)

이때 구축한 네트워크는 지금도 긴밀하게 유지되고 있으며 중요한 이슈가 발생할 때마다 저의 든든한 조언자들로 작동하고 있습니다.

(필자가 참가해 출간한 주요 저서 및 보고서들)

귀국 후 저는 새로운 직장을 잡았습니다. 2년간의 미국 연수 후 2004년 여름에 귀국하여 한국철도기술연구원과 국제고속철포럼에서 약 6개월 동안 한국고속철도의 해외진출 방안을 연구했습니다. 이후 2005년 봄에 본격적으로 대외경제와 통상정책을 연구하는 정부 싱크탱크인 대외경제정책연구원(KIEP)에 입사하였습니다. 대외경제정책연구원에서 한국의 대외경제 전략 수립에 조금이라도 기여하기 위해 동료 연구진들, 관련 전문가들과 많은 교류를 하고 토론을 하고 수많은 연구보고서를 작성했습니다.

2000년대 중반까지는 주로 구소련 지역의 경제 및 통상 관련 연구를 했습니다. 특히 해당 지역의 경제통상 현안과 경제협

(발다이 국제토론클럽 활동사진, 오른쪽에서 두 번째 패널리스트가 필자)

력 방안, 우리의 중장기 통상전략과 관련된 이슈를 중점적으로 연구했습니다.

그 과정에서 러시아과학원 극동지부 경제연구원(ERI)과 극동국제관계대학교(DVIMO)로부터 명예교수직을 수여 받고, 몽골 칭기즈칸대학교의 명예박사 학위를 수여 받기도 했으며, 러시아판 다보스포럼으로 불리는 발다이 클럽 아카데미(Valdai Club Academy) 정회원이 되기도 했습니다. 또한 카자흐스탄 대통령 포럼인 아스타나 클럽(Astana Club)의 전문가로도 위촉됐습니다. 이러한 국제회의와 포럼에서 세계적인 석학 및 정치인들과 국익을 놓고 토론하며 교류했습니다.

(발다이 클럽에서 패널리스트로 참석한 필자, 오른쪽에서 두 번째가 필자)

(아스타나 클럽에서 발언하는 필자)

(아스타나 클럽에서 만난 스펜서 전 유럽안보협력기구의회 사무총장과 함께)

2000년대 중반 이후부터는 한국의 대외 통상정책 수립 및 추진에 적극 참여하였습니다. 한·러 FTA(자유무역협정), 한·유라시아경제연합(EAEU) FTA를 비롯한 우리 정부의 대유라시아 경제 및 통상정책 연구를 수행하였습니다. 노무현 정부 때는 우리나라의 대중앙아시아 종합전략, 박근혜 정부하에서는 유라시아 이니셔티브, 그리고 문재인 정부 시기에는 신북방정책에 관한 국가 전략 및 정책 수립과 추진이 가장 큰 주제들이었습니다.

(압둘라 귤 전 튀르키예 대통령과 아스타나 클럽에서)

2007년 노무현 정부 시기 당시 우리나라 사람들이 키르기즈스탄, 투르크메니스탄 등 '탄'으로 끝나는 중앙아시아 국가들이 지도상에 어디에 위치하는지 잘 몰랐을 때 필자가 한국의 대중앙아시아 종합전략을 책임지고 연구를 수행했습니다. 심층적인 연구를 통해 한국과 중앙아시아 간의 다양한 협력 방안을 제안하여 상호 협력 확대에 크게 기여했습니다. 예컨대 중앙아시아 5개국 외교차관과 한국의 외교차관의 정례협의체(5+1) 구성, 투르크메니스탄, 키르기즈스탄, 타지키스탄 대사관 개설 등 다수의 아이디어들이 정부 정책으로 채택되어 한국의 중앙아시아 진출이 현저히 확대되었습니다.

시간이 흐르면서 저는 대외경제정책연구원에서 핵심 연구부서의 실·팀장, 연구조정실장, 본부장 등을 역임했습니다.

(옥스퍼드대 울프슨 칼리지에서 동료와 함께)

이렇게 9년여 동안 대외경제정책연구원에서 근무한 후 이번에는 유럽을 좀 더 깊게 이해하기 위해 영국으로 갔습니다. 2013년 영국 옥스퍼드대학교에서 1년간 방문학자 자격으로 연구를 수행하였습니다. 옥스퍼드대 전문가들뿐만 아니라 영국의 저명 싱크탱크인 채텀하우스 소속 연구진들과도 활발히 교류하였습니다.

(영국 채텀하우스에서 친구들과 함께)

귀국 후 러시아 및 북방 유라시아 지역의 경제 및 통상연구를 수행하면서 산업통상자원부 통상정책자문관, 청와대 국가안보실 정책자문위원으로 활동하면서 정부의 통상정책 및 경제안보에 대한 정책자문에도 활발히 참여하였습니다.

2018년 3월에는 소속기관인 대외경제정책연구원 원장이 되었습니다. 원장으로서 대외경제정책연구원을 이끌면서 정부 정책을 뒷받침하기 위해 긴밀하게 협력했습니다. 또한 대통령직속 북방경제협력위원회 위원, 남북정상회담 전문가 자문단 자문위원, 국가정보원 정책자문위원 등의 자격으로 청와대와 주요 부처에 대한 정책자문 활동도 활발히 수행하였습니다.

(청와대에서 남북정상회담 전문가 자문단 회의를 마치고 문재인 대통령님과 함께, 둘째 줄 왼쪽에서 네 번째가 필자)

특히 문재인 정부 출범 이후 국정기획자문위원회의 자문회의에 전문가 자격으로 동북아플러스 평화공동체 플랫폼을 기반으로 한 신북방정책, 신남방정책 등 국정과제 구상의 완성도를 높이는 데 참여하면서 신북방정책 구상과 실행 방안을 포함한 로드맵 작성에 기여하였습니다.

돌이켜보면 사회주의 종주국인 구소련(러시아)에서 4년 6개월 동안 체류하며 공부하고, 자본주의 심장부인 미국에서 2년 영국에서 1년 동안 각각 생활하며 연구한 경험은 제가 글로벌 차원에서 우리나라의 대외경제협력 전략을 구상는 데 큰 도움

(러시아 동방경제포럼에 참여한 필자, 왼쪽에서 두 번째가 필자)

(한-말레이시아 비즈니스 포럼에서 발표하는 필자)

이 되었습니다. 뿐만 아니라 어떤 정책을 수립하거나 판단할 경우에도 객관적이고 보다 균형잡힌 시각을 유지하게 해주는 유익한 토대가 되었습니다.

대외경제정책연구원(KIEP) 원장 시절과 몇 가지 일화

　국무총리실 소관 대외경제정책연구원은 1989년 12월 19일 정부출연연구기관으로 발족한 연구기관입니다. 발족 이래 국내외 경제와 관련한 다양한 이슈를 조사, 연구, 분석하여 우리 경제의 국제적 역할과 위상 정립에 힘써온 대표적인 경제 싱크탱크입니다.

　저는 2018년 3월 대외경제정책연구원의 10대 원장으로 취임한 이후 러시아, 중앙아시아 등과의 협력을 강화하는 신북방정책, 베트남, 인도네시아, 말레이시아 등과 협력을 확대하는 신남방정책, 한반도 평화번영을 위한 한반도 신경제구상 등 문재인 정부의 주요 대외경제정책 아젠다 실현을 뒷받침하기 위해 노력했습니다.

　특히 2019년 7월 초에 발생한 한일 경제전쟁에 대한 선제적인 대응을 주도했습니다.

　강제징용에 대한 우리 대법원의 판결에 대한 보복으로 반도체 생산에 필요한 품목에 대해 일본의 대한국 수출규제가 시작되었던 당시 국내 보수언론에서는 연일 한국 경제가 몇 개월 못 버틸 것이라는 패배주의적인 기사들을 내보냈습니다. 한국 사회가 흔들릴 정도로 위기감이 팽배했습니다.

어머니의 장례식을 마친 바로 다음 주 7월 12일에 저는 대외경제정책연구원 소속 전문가들과 30여 명의 세종시 주재 기자단을 초청하여 「일본의 수출 제한 조치 분석과 전망」이란 현안 토론회를 선제적으로 개최했습니다. 저는 일본 아베 정부의 부당한 대한국 수출규제가 자유무역 질서를 위배할 뿐 아니라 글로벌 공급사슬의 교란을 가져올 패착임을 알려 국내외 담론을 형성하고 우리나라의 대일 정책 방향성을 세우는 데 기여하였음을 자랑스럽게 생각하고 있습니다.

당시 KIEP 원장으로서 모두발언을 통해 밝힌 필자의 견해는 대략 다음과 같았습니다. 저는 일본의 수출규제는 아시아에서 리더십을 이미 중국에게 역전 당하고 이제 한국에도 그렇게 될 수 있다고 불안하게 생각하는 일본 지도부의 초조함이 반영된 것이라 분석했습니다. 이는 일본이 상대적으로 우위에 있는 부품소재 등으로 한국을 압박하겠다는 전략으로 지나친 모험주의적인 정책이라고 진단했습니다. 또한 한국경제가 10~20년 전과 다르기 때문에 과거와 같이 일본을 통하지 않고서도 이제 독일, 대만, 러시아 등에서 필요한 소재를 직접 수입할 수 있다고 역설하면서 일본의 수출규제 조치로 인해 한국경제가 붕괴

되지는 않을 것이고 충분히 대응이 가능하다고 강조했습니다.

이어 일본의 수출제한은 한일관계의 신뢰를 파괴할 뿐만 아니라 세계무역기구(WTO)의 자유무역을 통한 공동번영의 규정과 원칙을 위반하는 조치로서 전 세계 공급망을 망가뜨리는 결과를 야기할 것이라 지적했습니다. 그리고 이를 지속하면 일본의 리더십은 더욱 약화될 것이고, 궁극적으로 일본의 패착이 될 것이라고 강조했습니다.

(일본의 수출제한 조치에 대한 현안 토론회에서 모두발언하는 필자)

다만 충돌이 지속되면 양국관계를 넘어 글로벌 경제에 심각한 영향을 미칠 수 있기 때문에 무역갈등이 증폭되지 않도록 충돌보다는 협상과 이해를 우선한 외교적인 해법이 바람직하다고 제안했습니다. 이와 동시에 만일 일본이 계속해서 정치적으로 나오면 우리도 그렇게 대응하지 않을 수 없을 것이라면서 우리 정부에 당당하게 대응하라는 의견을 제시했습니다. 아울러 일본의 이번 수출규제 조치를 계기로 우리의 부품소재를 다변화하고 대일의존도를 낮출 수 있도록 산업구조를 개편해야 한다고 조언했습니다.

(일본의 수출제한 조치에 대한 대응 전략을 피력하는 필자를 인터뷰한 SBS)

이 현안 토론회의 내용이 언론에 보도되면서 국회의원을 비롯한 많은 분들이 적시에 올바른 정책 방향성을 제시해 주어서 고맙다는 격려의 전화를 해 주셨습니다.

그 다음 주에는 곧바로 워싱턴에서 한미경제연구소(KEI)와 공동으로 '한미 오피니언 리더 세미나'를 개최하며 일본의 부당한 수출규제 조치를 비판하고, 또 미국의 정계와 재계 인사들을 만나 그 폐해에 대해 설득작업을 펼치기도 하고 기자회견도 했습니다. 이후에도 정부와 긴밀한 협력을 통해 우리의 선제적이고 종합적인 대응방안을 강구해 나갔습니다.

그 당시 저는 우리나라가 다시 일본에 무릎을 꿇게 되면, BTS나 영화 <기생충> 등으로 세계적으로 뻗어나가던 우리 한국의 기상이 사라질 것이라 염려하며 비장한 각오로 임했습니다. 이후 시간이 입증해 주었듯이, 우리는 일본에 무릎 꿇지 않고 관련 소재·부품·장비 산업을 육성하여 위기를 잘 극복하여 기회로 만들었던 일에 저는 큰 보람을 느꼈습니다.

> **한국을 향한 일본의 수출규제 조치, 세계 경제를 위협하는 명분 없는 억지**
>
> 이재영(대외경제정책연구원장)
>
> 2019년 6월 29일 일본은 G20 주최국이자 의장국으로서 자유롭고 공정하며 비차별적 무역을 지지한다는 원칙을 포함한 정상회의 공동선언을 이끌어냈다. 그러나 일본은 불과 며칠 뒤인 7월 1일 한국으로 수출하는 자국산 소재부품의 수출규제 강화를 골자로 하는 '대한민국에 대한 수출관리 운용 개정에 대해'라는 자료를 공개했다. 그 자료에서 일본은 한일 간 신뢰관계가 악화됨에 따라 수출통제에 관한 협업이 어려워지고 한국과 관련하여 수출통제에 관한 부적절한 사례가 발생하였으므로 한국에 대한 적절한 수출통제를 시행한다는 일방적인 주장을 펼쳤다.

첫 번째 수출통제 조치로 일본은 7월 4일부터 한국의 주력 수출제품인 반도체, 스마트폰, 디스플레이의 핵심 소재 및 부품으로 사용되는 자국산 포토레지스트, 에칭가스, 플루오린 폴리아미드 등 3가지 품목을 전략물자 수출통제제도상 일반허가 대상이 아닌 개별 수출허가 대상으로 변경하였다. 이 조치로 인해 앞으로 상기 품목을 한국으로 수출하는 일본기업은 계약 건마다 별도의 수출심사를 통해 일본 정부의 허가를 받아야 한다. 수출심사를 신청하고 허가를 받기까지 일반적으로 약 90일의 기간이 소요될 것으로 예상된다. 이어서 8월 2일 두 번째 수출통제 조치로서 일본은 한국을 자국 안보상 우방국가인 '화이트국가' 리스트에서 제외하였다. 이 조치가 시행됨으로써 일본 정부가 전략물자로 관리하고 있는 더 넓은 범위의 첨단소재·부품들이 한국으로 수출되기 위해 계약 건마다 일본 정부의 승인을 거치게 되었다. 즉, 상당수의 일본산 중간재의 대한국 수출이 일본정부의 자의적인 판단하에 더 손쉽게 규제될 수 있는 법적 근거가 마련된 것으로, 일본으로부터 해당 소재 및 부품을 수입해오던 한국 기업들은 상당한 불확실성을 안게 되었다.

이와 같은 일본 정부의 한국에 대한 수출통제 조치는 한국경제와 일본경제뿐만 아니라 세계경제의 안정성과 효율성을 저해할 수 있다는 점에서 많은 우려를 낳고 있다. 예를 들어 일본이 이미 수출통제 조치를 발동한 에칭가스의 경우 한국의 주요 반도체 생산업체가 사용하는 고순도 제품은 90% 이상이 일본으로부터 수입된다. 일본의 이번 조치로 인해 실질적으로 일본 에칭가스의 대한국 수출이 상당량 줄어든다면 최소한 단기적으로 한국의 반도체 생산은 차질을 빚을 수밖에 없다. 2019년 1분기에 한국의 삼성전자와 SK하이닉스가 전 세계에서 차지하는 D램과 생산설비 점유율은 각각 64.0%, 43.2%였고, 특히 D램의 경우 같은 분기에 두 회사의 세계 시장 점유율이 70%를 상회했다. 2018년 한 해에만 한국이 미국, 중국, 대만, 홍콩, 베트남, 필리핀, 인도 등으로 수출한 반도체 금액이 총 1,267억 달러에 달한다. 즉, 한국의 반도체 생산의 차질은 세계 반도체 공급의 상당한 차질을 의미한다. 반도체는 오랜 시간동안 효율적으로 구축되어 온 글로벌 생산 공급망의 핵심 구성요소로서 세계 여러 나라의 전자, 전기, 기계, 자동차 등 제조업뿐 아니라 통신서비스, IT서비스 등 서비스 산업의 생산에 직·간접적인 영향을 준다. 따라서 일본의 이러한 수출통제 조치가 세계경제에 미칠 부정적인 파급효과는 실로 상당할 것으로 보인다.

더구나 일본의 이러한 행동은 WTO 규범을 위배할 소지가 다분한 조치로서 WTO를 근간으로 하는 세계 자유무역질서를 위협하고 국가 간 상호신뢰를 무너뜨리는 행동이다. 일본은 자국의 이번 조치가 WTO 규범에 전혀 배치되지 않는다고 주장하지만, 이번 조치로 인해 대상 품목들의 대한국 수출이 실질적으로 제한을 받은 사실이 증명된다면 GATT 11조 1항의 수출제한조치 금지 조항, 그리고 GATT 1조 1항의 최혜국대우 의무 조항을 위반할 것으로 보인다. 일본 정부는 국가 안보를 이유로 내세워 대한국 수출통제 강화 조치들의 정당성을 주장하려 하지만(근거 규정 예: GATT 21조 국가안보 예외조항), 정확히 어떤 근거로 수출통제 강화 품목들의 대한국 수출이 일본의 안보를 위협하는지를 밝혀달라는 한국정부의 요청에 아직까지 정확한 답을 주지 않고 있다. 오히려 현재까지 일본 정부는 자국의 대한국 수출통제 강화 조치에 대한 주요 이유를 스스로 여러 번 번복해오면서, 이번 일본의 수출통제 조치의 진짜 이유는 지난 2018년 10월 한국 대법원에서 일제강점기 강제징용을 당한 사람들에게 일본기업이 배상해야한다는 판결을 내린 것에 대한 정치적 보복이라는 다수 전문가들과 언론의 분석에 더 큰 설득력을 실어주고 있다. 만약 그렇다면 과거사 문제를 경제보복으로 대응하는 일본 아베 정부의 이번 조치는 한일 양국관계의 신뢰를 해치고, WTO 체제에 대한 내부 균열을 일으키며, 역내 공동번영의 원칙을 파괴하는 행위로서 궁극적으로는 일본의 국제 정치적, 경제적 리더십을 약화시키는 모험주의적인 정책이라 판단된다.

정당하지 못한 사유로 무역통제조치를 감행하여 이웃 국가 기업의 정상적인 기업 활동을 의도적으로 방해하는 것은 2차 세계대전 이후 자유무역의 수혜를 가장 많이 입으며 세계 3위의 경제대국으로 성장한 일본이라는 국가가 보여줘야 하는 모습과는 거리가 먼 것이 분명하다. 이번 일본의 조치는 분명 자유무역과 국제분업 체제를 파괴하는 조처임에 틀림없다. 더구나 이러한 조치는 촘촘히 엮여있는 글로벌 공급체인을 붕괴시켜 한국과 일본 경제를 넘어 세계 경제 및 국제통상질서에 미치는 부정적인 영향이 상당할 것으로 예상된다. 특히 아시아의 경우 일본의 대한 수출규제로 한국의 반도체 생산이 감소할 경우 베트남, 인도네시아, 필리핀, 인도 등은 상대적으로 타격이 있을 것으로 예상된다. 베트남과 인도네시아는 자국의 전체 반도체 수입 중에서 한국이 차지하는 비중이 각각 가장 높은 64.2%, 50.5%를 기록하고 있다. 필리핀의 경우에는 한국이 대만, 일본에 이어 세 번째로 높은 11.3%, 인도의 경우에도 홍콩, 중국에 이어 세 번째로 높은 15.0%를 차지하고 있다.

그러므로 세계 각국과 아세아 역내 국가는 공조를 통해 일본의 대한국 수출통제조치 철회를 촉구하고, 자유무역 질서를 수호하려는 일관된 목소리를 낼 필요가 있다. 이를 반영하듯 지난 8월 3일 아세안+3(한, 중, 일) 외교장관회의의 결과물인 의장성명은 "세계경제를 괴롭히고 다자무역체제를 위험에 빠뜨리는 보호무역주의와 반세계화의 거세지는 물결에 대한 우려를 표명하고, WTO(세계무역기구)로 지탱되는 개방적이고, 포용적이며, 투명하고, 규칙에 기초한 다자 무역체제에 대한 강력한 지지를 재확인했다." 나아가 아시아 지역은 역내 번영을 위해 자유무역질서를 보다 발전시킬 수 있는 역내 제도적 개선 혹은 새로운 제도 도입과 관련된 아시아 중견국 및 신흥국의 의견 수렴 등 다양한 노력이 필요하다고 본다. 아시아 역내에서의 차별 방지, 자유무역질서 약화 방지, 나아가 아시아의 안정 및 번영과 자유무역주의를 지키기 위한 논의의 장으로 가칭 「아시아 자유무역연대회의」 결성을 추진하는 것이 바람직할 것이다. 가능하다면 올해 11월 한국에서 개최되는 아세안 특별정상회의에서 이를 논의하고, 이어 2020년에는 아세안 의장국인 베트남이 주도가 되어 아세안 차원에서 정책 아젠다로 설정하여 추진할 수도 있을 것이다. 이와 함께 일본도 얼마 전 세계 유수 국가들의 정상들과 함께 자유무역 실현에 대한 공동 선언을 이끌어 냈던 2019년 G20 의장국으로서 보다 일관성 있고 책임감 있는 모습을 보여주어야 할 것이다.

*위 글은 2019년 8월 7일자 KIEP Opinions에 기고한 필자의 글, "Japan's Export Curbs on Korea: an Unjustifiable Threat to the Global Trading Order"를 한글로 옮긴 내용임

(DMZ 평화경제 국제포럼에 참석한 주요 인사들과 개막식을 마치고 찍은 기념 사진, 왼쪽부터 필자, 스티븐슨 한미경제연구소 소장, 하토야마 전 일본 총리, 메가와티 전 인도네시아 대통령, 오치르바트 전 몽골 대통령, 성경륭 경제인문사회연구회 이사장, 슈뢰더 전 독일 총리, 슈뢰더-김소연 슈뢰더 전 독일 총리 부인, 비스트리츠키 발다이 클럽 이사장, 토예 노벨위원회 위원)

2019년 8월에는 '평화가 경제다'란 슬로건하에 우리 정부의 한반도 신경제구상과 평화경제 정책을 전 세계 오피니언 리더들에게 널리 알려 국제사회의 공감대를 형성하고 지지 기반을 구축하기 위해 'DMZ 평화경제 국제포럼'을 주도적으로 개최하여 큰 성과를 거두었습니다.

당시 저는 대외경제정책연구원 원장이자 DMZ 평화경제 국제포럼의 집행위원장으로서 국제적인 네트워크를 활용하여 메가와티 전 인도네시아 대통령, 슈뢰더 전 독일 총리, 하토야마 전 일본 총리, 오치르바트 전 몽골 대통령, 비스트리츠키 발다

(DMZ 평화경제 국제포럼 개막식에서 폐막 연설을 하는 필자)

이클럽 이사장, 스티븐슨 한미경제연구소 소장, 토예 노벨위원회 위원을 비롯하여 세계 주요 싱크탱크 기관장, 각국 주한공관 대사 등을 초청하여 한반도의 평화와 번영을 위한 국제 담론을 형성해 나갔습니다. 다시 말해 한반도 '평화경제체제' 구축은 한반도뿐 아니라 동아시아, 나아가 세계의 평화와 번영을 위한 우리의 시대적 과제임을 국제사회 리더들과 공유했습니다.

특히 당시 회의에 참석한 하토야마 전 일본 총리는 한일 간의 갈등이 첨예하게 부각되던 당시에 일본의 잘못을 솔직하게 인정하고 당시 일본 정부를 성토해 전 세계 40여 개국 글로벌 싱크탱크 책임자들 및 오피니언 리더들에게 한일 간 갈등의 원인과 책임이 일본에 있음을 명확히 했습니다.

(동아시아 주요 싱크탱크 기관들과의 연합 포럼에서 회의를 주재하는 필자, 정면 바라보는 회의 주재자 중 왼쪽)

당시 DMZ 평화경제 국제포럼에 참석한 외국의 저명인사들은 일본의 총리까지 지낸 인물이 이렇게 솔직하게 자신들의 잘못을 고백하고 자신들의 정부를 질정하는 모습을 보면서 한국과 일본의 관계가 일시적으로는 갈등도 있겠지만 그래도 미래가 희망적이라고 말했습니다.

당시 회의에서 이런 솔직한 의견을 피력한 하토야마 전 총리는 일본에도 양심이 있는 정치인들이 존재한다는 것을 보여준 대표적인 인물입니다. 그는 2009년에 당시 야당이던 일본민주당 소속으로 일본 역사상 최초로 단독 정당에 의한 수평적 정권 교체를 실현한 인물입니다.

그는 일본은 외교에서 '자주외교'를 펼쳐야 한다는 입장을 견지했고 아시아와 더 친밀한 관계를 유지해야 한다는 입장을 취했습니다. 하토야마 전 총리의 이러한 노선은 한국, 중국 등으로부터 좋은 평가를 받았습니다. 그의 재임 기간 한국과 중국 등에서는 이제 과거를 사죄하고 아시아의 진정한 친구로 거듭나고자 하는 일본과의 새로운 관계, 원만한 외교 관계 형성이 가능할 수 있을 것 같다는 분위기가 형성됐습니다.

하토야마 총리가 집권 약 9개월 만에 퇴임한 것은 매우 아쉽지만 그는 총리직 퇴임 이후에도 아시아를 중시해야 한다는 소신과 한국에 대한 사죄의 입장을 지속적으로 피력하고 실제 행동으로도 보였습니다.

그는 자신의 트위터에 독도 문제에 대해서도 "다케시마의 날을 계기로 한일관계가 꼬여 있다. 우리는 역사의 사실을 보는 용기를 가져야 한다"는 입장을 밝혔습니다. 하토야마 전 총리는 여기서 그치지 않고 2014년에는 아베 정권의 우경화 행보가 동북아 평화와 한반도 통일을 가로막고 있다면서, 독도 문제는 더는 건드려선 안된다고 강조하기도 했습니다.

2015년 8월 12일 한국행 당시에는 서대문형무소를 방문, 유관순 열사가 수감되었던 감방을 직접 찾아 헌화했으며 광장에 있는 추모비 앞에서 무릎 꿇고 사죄도 했습니다.

하토야마 전 총리는 이후에도 계속해서 일본의 역사적 과오

(하토야마 전 일본 총리와 필자)

에 대한 사과를 통한 한일 관계 개선에 노력해왔습니다.

한국 대법원의 강제징용 판결 이후에는 직접 한국을 찾아 한국 대법원의 일본 기업에 대한 강제 징용 배상 책임을 확정한 판결에 대해서 "엄중히 받아들여야 한다"고 말하고 "일본인들은 사죄하는 마음을 항상 갖고 있어야 한다고 생각한다"고 강조했습니다.

저는 DMZ 평화경제 국제포럼을 기획할 때부터 하토야마 전 총리가 직접 참석해 발언을 한다면 큰 의미가 있을 것으로 생각했습니다.

당시는 일본 아베 정부의 부당한 대한국 수출 규제가 국민의 반일 감정을 자극하고 있던 때입니다. 저는 국책연구기관장으로서, 경제학자로서, 아베 정부의 정책을 논리적으로 규탄하고 부당함을 전파하는 데 혼신의 노력을 기울였습니다.

하지만 분노만으로는 안된다는 생각도 분명히 가지고 있었습니다. 일본이 아베만의 것이 아니며 아베 정부가 영원히 일본을 대표하는 것도 아니라는 것을 확신하고 있었습니다. 그래서 아베 정부의 대한국 수출규제 만행 전후 일본이 부흥할 수 있게 해준 자유무역 질서를 위배할 뿐만 아니라 글로벌 공급사슬의 교란을 가져오게 될 패착이라는 논리로 규탄함과 동시에 당시 일본과 아시아의 화해가 큰 틀에서 필요하다는 관점을 가지고 하토야마 전 총리를 연사로 모시고자 노력했습니다.

하토야마 전 총리는 이런 저의 뜻을 헤아려 흔쾌히 초청을 수락하셨습니다. 저는 아시아의 미래, 한일의 화해, 이를 바탕으로 중국, 북한, 몽골, 러시아, 미국 등과 함께 평화롭고 번영하는 아시아를 만들기 위해서는 이렇게 양심적이고, 아시아적 비전이 있고, 아시아와 주변국에 애정과 사죄의 마음이 있는 일본의 정치인 등과의 연대와 상호 격려의 노력이 필요하다고 생각합니다.

그런 의미에서 하토야마 전 총리를 비롯한 일본의 양심적 정치인들, 지식인들, 일반 대중들과 앞으로 좋은 인연을 맺고, 유지하며 발전시켜 나갈 계획입니다.

The Future of the Korean Peninsula and the Role of Japan
(한반도의 미래와 일본의 역할)

2019년 8월 29일

하토야마 유키오

DMZ 평화경제 국제포럼에 초청해 주시고 개막 세션의 연사로 말씀드릴 기회를 주신 것에 대해 감사드린다.

금년 8월 15일 광복절 경축행사 연설에서 문재인 대통령은 얼어붙은 한일관계의 타개를 위해 "일본이 대화와 협력의 길로 나온다면 우리는 기꺼이 손을 잡을 것"이라고 말했다. 그리고 같은 날, 레이와 시대 첫 전몰자 추도식에서 일왕(일본 천황)은 과거의 전쟁에 대해 "깊은 반성"을 표했지만 아베 총리를 비롯한 중의원과 참의원 의장, 대법원장의 추도사에는 반성이라는 표현은 없었다. 문재인 대통령이 한국 국민의 비판을 각오하고 일본 정부에 손을 내민 만큼 아베 총리도 고집을 꺾고 대화와 협력의 길로 나서야 함은 두말할 나위가 없다. 모든 문제가 발생했을 때 필요한 것은 대화와 협력의 길을 여는 것이며 문을 닫아 버리면 결코 해결되지 않는다.

과거 일본이 구미열강과 맞서 싸우기 위해 대일본주의를 내세운 부국강병을 지향하며 한반도를 합병하고 식민지화 한 것이 결과적으로 2차대전 후 한반도에서의 남북 분단으로 이어졌다. 따라서 일본은 한반도 평화를 다시 돌이키는 데 커다란 책임이 있다는 것을 우선 알아야 한다.

작년 평창동계올림픽에서 남북 단일팀이 결성되고 그 후 오랫동안 단절되었던 남북정상회담이 판문점에서 열린 것은 획기적인 일이었다. 2017년 11월 대륙간탄도미사일(ICBM) 발사실험 성공으로 김정은 위원장은 이제 미국과 대등한 입장에서 한국전쟁을 종결시키고 평화조약을 체결할 수 있는 협상능력을 갖게 되었다고 판단했을 것이다. 이것이 취임 1년 이내에 남북정상회담을 열고자 했던 문재인 대통령과의 정상회담 실현으로 이어졌다. 또한 트럼프 대통령이 존 볼튼 국가안보보좌관 등과 같은 호전파가 아니라는 점도 지금까지 3회에 걸친 북미정상회담의 실현을 가능케 했다. 대화를 통한 한국 전쟁의 종결과 한반도 평화체제 구축이 결코 꿈 같은 이야기가 아니게 된 것이다. 물론 그 과정은 평탄한 여정은 아닐 것이다. 한반도의 비핵화에 있어서는 북한의 비핵화 추진뿐만 아니라 당연히 한미 측의 비핵화도 요구된다. 광복절 경축행사에서 문재인 대통령의 남북 협력 강조에 대해 북한이 "다시 마주 앉을 생각도 없다"고 반응한 것은 한국이 한반도 유사시에 대비한 한미합동 군사훈련을 실시하고 있기 때문이었다. 대화 추진을 위해서는 저해요인이 되는 한미 군사훈련과 북한의 미사일 발사실험 그 어느 쪽도 결코 바람직하지 않다. 또한 트럼프 대통령이 군산복합체의 압력에 굴복하지 않으리라는 보장도 없다. 중요한 것은 대화의 길을 막지 않는 것이다.

한편 일본의 입장은 어떠한가? 아베 총리는 북한 문제에 대해 항상 납치문제를 최우선시 해왔다. 그리고 최근까지 "대화의 시대는 끝났다. 대화를 위한 대화는 의미가 없다. 가능한 한 강력한 경제제재를 취해야 한다"는 말을 계속해 왔다. 그 결과 북한의 핵미사일 문제 해결을 위한 대화노선이 진행됨에 따라 아베 총리는 무대에서 밀려나고 말았다. 남북, 북미정상회담의 개최는 아베 총리의 심경의 변화를 불러왔고 "무조건적인 김정은 위원장과의 정상회담을 희망한다"고 말하기에 이르렀다. 그러나 북한은 무조건적인 정상회담을 희망한다면 대북제재 해제가 먼저라는 당연한 입장을 취하고 있어 아직 북일정상회담이 성사될 전망은 보이지 않는다.

그러면 일본은 어떻게 행동해야 하는가? 북한은 일본을 적대시하지 않고 있다. 북한의 단거리 탄도 미사일이 일본 방향으로 발사되고 있지만 결코 일본을 겨냥한 것은 아니다. 그러나 만약 북한과 미국이 싸우게 될 경우 주일 미군기지가 표적이 될 것은 틀림없다. 따라서 일본은 북한과 미국이 다시는 전쟁을 하지 않도록 한국 전쟁 종결과 평화조약 체결을 위해 최대한 협력하는 것이 일본의 최대의 안보정책이다.

이를 위해 일본은 ①트럼프 대통령이 군산복합체의 세력에 굴복하지 않도록 지지하고 ②한일관계 개선을 통해 문재인 정권의 남북관계 개선정책을 지지하며 ③북한이 핵시설을 폐기하는 방향으로 행동하면 그에 맞추어 경제제재를 해제하고, 북일정상회담 개최를 통한 북일 국교정상화를 추진하며 ④납치

문제는 북일국교정상화 이후 해결을 위해 노력한다는 것이 요구된다.

납치문제에 대해서는 스톡홀름 합의로 일시적으로 제재가 해제되었을 당시, 야부나카(薮中)씨를 단장으로 한 조사단의 20일간의 방북조사에 북한이 협조했으나 아직도 그 보고가 마무리되지 않고 있다는 점에 대해 북한은 불만을 가지고 있다. 당시는 북한이 가장 경제적으로 어려웠던 시기로 온돌이나 연탄중독으로 인해 사망한 일본인도 있었던 것으로 보인다. 납치문제가 해결되지 않으면 북일 국교정상화도 없다는 기존의 입장을 아베 총리가 견지하는 한 아무리 시간이 지나도 국교정상화는 불가능하다.

그런데 여기서 가장 큰 문제는 한일관계가 매우 비정상적인 상태로 되어가고 있다는 사실과 이에 대한 시급한 개선이 필요하다는 점이다. 잊지 말아야 할 것은 과거 일본이 한반도를 식민지화 하고, 특히 2차대전 당시 많은 한반도에 살던 사람들에게 필설로 다할 수 없는 고통을 안겨주었다는 사실이다. 나는 서대문 형무소를 방문하거나 합천의 재한 원폭피해자들을 만나뵙고 사과를 드린 적이 있다. 고통을 준 쪽은 쉽게 잊지만 고통을 당한 쪽은 아무리 시간이 지나도 그 쓰라린 경험을 잊기 어렵다. 나는 전쟁에 진 나라로서 상대방 국가가 더 이상 사과하지 않아도 된다고 할 때까지 사과하는 마음을 가져야 한다는 우치다 타츠루 선생님의 무한책임론을 지지한다. 이러한 태도를 통해 틀어져 버린 한일관계를 풀어나가는 것이 중요하다고 생각한다.

위안부 문제도 마찬가지이다. 한일 정부차원에서 이 문제는 2015년 말 미국의 압력하에 총리의 사죄와 일본 정부의 10억 엔 출연 결정으로 표면적인 해결이 이루어졌다. 그러나 이 합의는 "최종적이고 불가역적인 해결"이라는 표현이 일본이 "위에서 아래를 내려다보는 태도"로 임한 것으로 여겨져 많은 한국인의 마음에 상처를 주었다고 생각한다. 문제는 금액이 아니며 일본 정부가 진심어린 사죄의 마음으로 임할 때 해결이 가능하다.

일왕이 사죄하면 위안부 문제는 해결된다고 했던 문희상 국회의장은 내 앞에서 "마음 상한 분들에게 미안함을 전한다"고 사과했다. 한국에서는 당연한 일로 생각될 수 있으나 일본인의 대부분은 천황폐하를 깊이 존경하고 있기 때문에 그렇게까지 표현한 것은 너무하다고 느낀 일본인이 많았던 것이 사실이다. 따라서 이 문제가 그렇게 해결된 것은 다행이었다고 생각한다.

가장 큰 현안은 징용공 문제와 이후 불거진 일본 정부의 한국에 대한 수출규제 문제이다. 한국의 전 징용공에 대한 한국대법원의 배상 판결에 대해 고노 외무장관 등의 비난 발언이 계속되고 있지만 1991년, 당시의 야나이 조약국장은 "개인의 청구권 자체를 국내법적 의미에서 소멸시킨 것은 아니다"라고 답변한 바 있으며 한일청구권협정으로 완전히 그리고 최종적으로 해결된 것은 아니라는 것이 일본 정부의 공식견해이다. 그럼에도 불구하고 아베 총리와 고노 외상이 청구권 협정으로 완전히 해결되었다고 주장하는 것은 현재의 우경화 풍조에서 나온 것으로 보이며 이는 과거 정부의 견해와 모순되는 것이다. 일본 정부는 1991년의 견해로 돌아가야 한다.

최근 한국에 대한 수출규제 문제가 불거졌다. 일본 정부의 주장은 한국 측 수출관리제도에 미진한 점이 있어 건의를 했지만 한국 측이 협의에 응하지 않아 운용면에서의 개선을 기대할 수 없기 때문에 안전보장상 운용을 재검토한 것이지 징용공 문제와는 무관하며, 또한 수출규제나 수출을 금지하는 금수조치가 아니고 수출 관리의 재검토에 불과하다는 주장이다. 이에 대해 한국 정부는 이번 수출 규제는 타이밍적으로 볼 때 징용공 판결에 대한 보복이라는 주장이다. 즉 식민지 지배를 해 놓고도 "적반하장"인 일본에 대해 눈에는 눈이라는 판단 하에 대일본 수출규제로 맞대응한 것이다. 그야말로 한일관계는 정냉경냉(政冷經冷)의 위기로 접어들고 있고 무역, 투자, 인적 교류에 어두운 그림자가 드리워지며 불매 운동까지 일어나고 있다. 이러한 상황은 한일 양국에게 백해무익한 것이며 조속히 한일 양국정부가 타개책을 제시해야 한다.

그 타개책 제시에 있어 고려해야 할 지침은 ①징용공 문제에 대해 일본 정부는 개인의 청구권이 한일 청구권 협정으로 완전히 그리고 최종적으로 해결된 것이 아니라는 판단으로 돌아가고, 피고 기업은 판결에 대해 진지하게 임한다 ②한일 담당자 간 조속한 협의를 실시하고 한국 측은 수출관리 제도를 개선한다 ③일본 정부는 한국을 화이트 국가로 되돌리는 등 수출규제를 철회하고 한국 정부는 일본에 대한 보복조치를 중지한다 ④내년 도쿄올림픽과 장애인 올림픽에 북한의 참가에 대해 평창의 경험을 바탕으로 한일 정부 간 협의를 실시한다 는 등이다.

어쨌든 지리적으로나 역사적으로 가장 가까운 나라이고 상대방으로부터 배우고 교류해 온 한일 양국이 지도자 간은 물론 민간차원에서도 대화와 교류, 나

앞으로는 협력을 통한 신뢰구축을 위해 노력하는 것이 한일 양국의 정치・경제 뿐만 아니라 동아시아 안보환경의 평화를 위해 가장 중요하다. 내가 제창하는 동아시아 공동체 구상을 발전시킬 수 있는 열쇠는 한일관계에 있고 한일관계의 발전을 위해서도 동아시아 공동체의 구현이 필요하다.

경청해 주셔서 감사합니다.

당시 DMZ 평화경제 국제포럼에는 또 한분의 세계적인 지도자가 참석해 큰 울림을 주셨습니다. 슈뢰더 전 독일 총리가 그분입니다. 슈뢰더 전 총리는 특별강연을 통해 세계적 지도국이 되려면 과거의 잘못에 대해 (피해국과 피해자에 대한) 진심어린 사죄가 필수적임을 강조하였습니다.

슈뢰더 전 총리는 1998년부터 2005년까지 녹색당과의 연립정권을 이끌면서 독일 총리를 지낸 분입니다. 특히 독일 총리 재임 중 실시한 노동 및 복지 개혁 정책인 일명 '하르츠 개혁'으로 독일의 부흥과 안정을 이끈 인물로 유명합니다.

슈뢰더와 비슷한 시기에 영국에서는 토니 블레어, 프랑스에서는 리오넬 조스팽이 총리 자리를 차지했습니다. 슈뢰더는 당시 이들과 함께 '제3의 길'을 외치며 서유럽 사회민주주의 정당을 다시 일으켰습니다.

1990년 소련의 몰락 이래 서유럽의 사회주의 정당들은 침체기를 맞았습니다. 이때 슈뢰더와 토니 블레어, 리오넬 조스팽은 90년대 후반 우파적인 요소를 대거 수용하여 우파와 좌파를 절

충한다는 이른바 '제3의 길'을 표방하면서 유럽 정치계에 돌풍을 일으켰습니다. 1997년 영국의 토니 블레어와 프랑스의 리오넬 조스팽이 먼저 총리가 됐습니다.

독일에서 이러한 움직임을 주도한 사람은 슈뢰더였습니다. 슈뢰더는 1998년 총선에서 사민당의 총리 후보자로 입후보했습니다. 슈뢰더의 경쟁자는 16년 넘게 장기 집권하던 기민당의 헬무트 콜 총리였습니다.

슈뢰더는 집권에 성공한 후 1999년 6월 8일 토니 블레어와 함께 <유럽 사회민주주의자들을 위해 전진하는 제3의 길>이라는 공동선언문을 발표하였습니다. 그리고 제3의 길 노선과 같은 맥락인 '신중도' 노선을 지향했습니다.

슈뢰더는 실업자 문제와 경기 침체를 해소하기 위해선 노동시장 개혁이 필수적이라고 외치며 하르츠 개혁을 실시한 인물로 유명합니다.

그가 좌파 출신임에도 불구하고 이념 논리에 휘둘리지 않고, 노동개혁을 실시한 이래 독일은 사회적 통합을 기초로 해 경제 부흥을 실현했습니다.

슈뢰더의 뒤를 이은 메르켈 내각에서도 이러한 기조는 이어졌습니다. 통독 이후 경제적으로 어려워 유럽의 병자로 불렸던 독일의 사회개혁을 과감히 추진한 슈뢰더 총리는 독일이 유럽을 주도하는 강국으로 부활하게 만든 개혁가였습니다. 일시적

(슈뢰더 전 독일 총리와 토론하는 필자, 오른쪽 첫 번째)

인 고통을 감내해야 하는 사회개혁 추진 때문에 슈뢰더 총리는 그 다음 선거에서 패배한 적이 있습니다. 포럼에서 그 문제를 질문한 저에게 슈뢰더 총리는 진정한 정치인은 다음 선거에서 유불리를 따지기보다 사회와 국가를 위해 옳고 바른길로 나가야 한다고 강조한 말씀이 인상적이었습니다.

저는 이런 슈뢰더 총리와 만나 정치와 경제, 노동과 경제의 선순환을 위한 사회적 대타협의 중요성 등에 대해 깊은 이야기를 나누며 많은 시사점을 얻었습니다.

이외에도 많은 국제행사와 좋은 연구를 동료 연구원들, 지식인들, 그리고 외국의 친구들과 정말 열심히, 즐겁게 진행했습니다. 그 결과 대외경제정책연구원 원장 재직 시절 각종 글로벌 싱크탱크 평가에서 좋은 평가를 받았습니다.

제가 원장에 취임한 이후인 2018년 대외경제정책연구원은 미국 펜실베이니아대학교 국제관계프로그램 산하 '싱크탱크와 시민사회 프로그램(TTCSP: The Think Tanks and Civil Societies Program)'이 실시한 2018년 전 세계 싱크탱크 평가에서 총 8,162개의 연구기관 중 '국제경제정책' 부문에서 3년 연속 세계 5위, 국내 1위를 기록했습니다.

미국 펜실베이니아 대학 부설 '싱크탱크와 시민사회 프로그램(TTCSP)'은 2006년부터 매해 각 분야 전문가들의 추천과 설문조사, 평가 등을 통해 글로벌 싱크탱크의 경쟁력을 평가합니다.

대외경제정책연구원(KIEP)은 2018년 '국제경제정책' 부문에서 미국 피터슨국제경제연구소(PIIE), 벨기에 브뤼겔(Bruegel), 미국 브루킹스 연구소(Brookings Institution), 오스트리아 비엔나 국제경제연구소(WIIW)에 이어 '국제경제정책' 부문에서 5위에 이름을 올리며 글로벌 싱크탱크들과 어깨를 나란히 했습니다.

2019년 평가에서는 전 세계 8,248개 연구기관 중 국제경제정책 부문 전 세계 4위, 아시아 1위, 국내 1위를 기록하여 '국제경제정책' 부문은 전년보다 한단계 더 상승했습니다. 글로벌 싱크탱크 간 경쟁이 치열한 상황에서 국제경제정책 부문에서 전 세계 5위에서 4위로 순위를 올릴 수 있었다는 것은 저로서는 큰 보람이고 기쁨이었습니다.

당시 대외경제정책연구원보다 더 나은 평가를 받은 기관은 벨기에 브뤼셀, 미국 브루킹스 연구소, 오스트리아 비엔나 국제경제연구소였습니다.

대외경제정책연구원장 재임 기간 이렇게 글로벌 싱크탱크 평가의 순위를 끌어올리고 국제적으로 좋은 평판을 받을 수 있었던 것은 우리나라 경제 연구의 수준을 보여주는 쾌거라고 생각하고 있습니다.

이 때문인지 제 재임 시절 대외경제정책연구원에는 해리 해리스 당시 주한 미국 대사를 비롯하여 각국 대사와 전문가들의 발길이 끊이지 않았습니다.

(필자를 찾아 대외경제정책
연구원을 방문한 브루노 피게로아
주한 멕시코 대사)

(필자를 찾아 대외경제정책
연구원을 방문한 스리프리야
란가나탄 주한 인도 대사)

(필자를 찾아 대외경제정책연구원을 방문한 해리스 주한 미국 대사)

(필자를 찾아 대외경제정책연구원을 방문한
대니 라이프지거 조지워싱턴대 교수 겸 전 국제부흥개발은행(IBRD) 부총재)

정치에 뛰어들며

나는 왜 정치를 하려 하나

저는 대학을 졸업한 이후 사회에 나와 경제 전문가로 평생을 살았습니다. 경제 전문가로서의 저의 마지막 직책은 대한민국 국무총리실 산하 대외경제정책연구원(KIEP) 원장이었습니다.

대외경제정책연구원 원장으로 재임하는 동안 참 많은 일들이 있었습니다. 하지만 이 기간 저는 나라의 발전을 위해 국책연구기관장으로서 할 수 있거나 해야 할 일들을 미루지 않고 최선을 다해 수행했습니다.

돌이켜보면 20대 이후 한 번도 잊은 적 없는 우리나라 대한민국의 발전과 번영을 위한 책임감이 연속적으로 이어진 가운데 나온 행동이자 생활이었습니다.

저는 양산과 부산을 거쳐 20대 초반 서울로 올라갔습니다. 한양대학교에서 시작된 저의 20대 학창시절, 저는 한국의 민주화를 위한 당시의 시대적 행동에 같이 움직였습니다. 당시의 독재정권에 저항하던 동시대 친구들, 젊은이들과 함께 고동치는 뜨거운 가슴에 호응했습니다. 30대 이후엔 한국이 경쟁력 있는 국가로 기능하고 지속 가능한 발전을 추구하는 국가가 될 수 있도록 뒷받침할 전문가의 길을 걸었습니다. 나름 제 분야에서 최선을 다했고 그 결과 대외경제정책연구원의 원장까지 될 수 있었습니다.

그러다 저는 2020년 제21대 국회의원 선거에 출마하게 됐습니다. 제가 정치인으로 변신하게 된 데에는 나름의 고민이 있었습니다. 정치가 변하지 않고서는 대한민국의 미래가 없다는 것을 확신했기 때문입니다.

남북관계의 개선을 통한 한반도 경제공동체, 한반도 평화경제 구축, 지속 가능한 성장을 추구하는 존경받는 글로벌 핵심국가 등이 되기 위해서는 대한민국에 안정적이고 민주적인 정치와 제도가 뿌리를 내리지 않고서는 어렵다는 점을 절감했기 때문입니다.

여기다 급변하는 국제경제 질서에 선제적으로 대응하여 근본적으로 새로운 우리의 대외경제 전략을 수립하기 위해서는 정치가 정신을 차리고 신속하고 진지하고 근본적인 대처를 해야 하는데 그렇지 못하다는 현실에 불만이 많았기 때문입니다.

저는 그동안 제가 배우고 익힌 지식과 경험, 그리고 광범위하게 구축한 국제적 네트워크 등을 활용하여 조국의 발전에 기여하고 싶었습니다.

특히 세계 경제 질서가 급변하는 현 상황에서 제가 가진 경험과 지식을 현실에 적용하여 대한민국이 한 단계 더 업그레이드 하여 세계 7대 강대국이 될 수 있도록 헌신하고 싶었습니다.

이와 더불어 제 고향인 양산이 더욱 발전하고, 국제화되어 세계의 주요 도시들보다 더 살기 좋고, 경쟁력 있는 도시로 만드는 데 힘을 보태고 싶었습니다.

우리 사회 곳곳에 위험 신호가 켜지고 있는데 우리 정치는 문제를 해결하기는 커녕 대립과 갈등만 부추기고 있는 현실이 너무나도 안타까웠습니다.

그래서 출마를 결심하고 고향 양산에서 승부를 걸었습니다. 더불어민주당 중앙당 영입인재로 21대 국회의원 선거에 출마한 것입니다.

(인재 영입케이스로 더불어민주당에 입당한 후
양산에 출마하게 된 내용을 보도한 연합뉴스 TV)

출마를 결심한 후 저는 제가 출마를 결정하게 된 결심의 뜻을 다음과 같이 밝힌 바 있습니다. 이 생각은 지금도 변함이 없습니다.

당시의 출마 선언문을 다시 한번 읽어보고 싶습니다.

출마기자회견문

존경하는 양산시민 여러분 그리고 언론인 여러분, 반갑습니다.
양산시 갑구 국회의원 출마예정자 이재영입니다.
저는 대한민국과 문재인 정부의 성공 그리고 우리 양산의 발전을 위해 양산시 갑구 국회의원 후보로 출마를 하고자 합니다.

(21대 국회의원 출마 기자회견을 하는 필자)

저의 고향은 조상대대로 살아 온 양산시 원동면입니다. 제 본가와 외가뿐 아니라 유년시절 친구들도 이 터전을 지키며 살아가고 있습니다. 유년 시절 저는, 자주 뒷동산에 올라 바다로 유유히 흘러가는 낙동강을 보곤 했습니다. 굵은 강 줄기도 처음에는 물방울 하나에서 시작해 낮은 곳으로 흘러서 개천이 되고 시내가 되어 마침내 큰 강이 되었을 것입니다. 앞길이 막혀도 불평하지 않고 돌아 나아가며 큰 바위를 만나면 천년이고 만년이고 계속 설득하면서 제 갈 길을 만들고 흘러서, 넓은 벌판에 새로운 생명을 주는 고마운 존재로 자리매김했을 것입니다. 저는 그렇게 살아가야 함을 자연에서 배우고 자랄 수 있었습니다.

지금까지 저는 평생을 경제 연구에 전념해 왔고, 최근에는 대한민국의 대외 경제 정책, 전략을 연구하는 대외경제정책연구원의 원장으로 근무해 왔습니다. 이제 저는 그동안 쌓아온 경제전문가로서의 경험과 지식, 글로벌 네트워크를 활용해 대한민국 경제의 도약, 문재인 정부의 성공 그리고 우리 지역이자 제 고향인 양산의 발전을 이루고자 이 자리에 섰습니다.

존경하는 양산시민 여러분!

저는 정치가 경제를 도와 대한민국을 '글로벌 톱7'의 국가가 되도록 하고, 우리 양산을 대한민국의 강력한 지방 도시, '부·울·경'의 중심도시, 세계로 진출하는 혁신도시로 만들고자 합니다.

현재 세계는 치열한 경쟁과 디지털 경제로 탈바꿈하는 산업 전환의 상황에 놓여 있습니다. 과거의 성공 방정식이 그대로 통하지 않는 시대입니다. 이제 지방 도시의 성장이 국가 경제의 성장이 되고, 나아가 국가의 경쟁력을 선도할 수 있는 시대가 되었습니다. 지식과 데이터 무역에서는 높은 장벽이 사라지고, 한 지방의 정책과 한 명의 아이디어가 국가의 산업이 되는 시대입니다. '정치'가 그것을 지원·성장시키고 지켜 내어야 합니다. 지방 도시가 국내에서만 경쟁하고, 지방의 경제가 국내 시장에만 머무는 시대는 오래전에 변했다는 것은 모두가 알고 있는 사실입니다.

정치가 경제, 사회, 문화 등 국가의 모든 시스템을 변화시키는 원동력이 되어야 하는데 현실은 그렇지 못했습니다. 이념 갈등으로 분열하고, 시대의 변화를 외면한 채 과거에 갇히는 듯한 모습은 정말로 답답했습니다. 저는 이 상황을 결코 앉아서 지켜볼 수만은 없었고, 그래서 정치를 해야겠다고 결심했습니다.

저도 20대 시절에는 가슴 뜨거운 청년이었고, 민주화 운동도 열심히 했습니다. 세계사적 격변 속에서 소련이 해체될 무렵에 저는, 변화의 현장을 보고 싶었고 뜨거운 가슴만으로는 안 되겠다 싶어 러시아 유학을 갔습니다.

이후 본격적인 세계화가 시작되었습니다. 미국은 유일 초강대국이 되어갔고 영국과 유럽은 문화와 금융을 바탕으로 한 소프트 파워로 세상을 이끌었습니다. 세계를 이끌어가는 자본주의의 심장인 미국과 세계 금융의 상징인 영국을 알아야겠다고 생각하고, 미국 하버드대학과 미시간대학, 영국 옥스퍼드대학으로 갔습니다. 그곳에서 방문학자로 체류하면서 진정한 변화에 대해 고민하게 되었고 국제적인 균형감각을 갖추게 되었습니다.

국내 시장은 작고 자원도 부족한 우리나라가 잘 사는 나라가 되는 유일한 길은 우리의 산업과 문화, 그리고 교육이 세계 속에서 함께 소통하고 경쟁하고 성장해야 한다는 것을 절실히 깨달았습니다. 우리 지역도 마찬가지입니다. 지역의 산업은 국내에서의 경쟁을 넘어 국제화가 필요합니다. 가장 지역적인 문화적 특색을 세계와 접목하여 지방의 소프트 파워를 키워야 합니다. 지역의 아이들이 어릴 때부터 국제적 교류에 많이 노출되도록 하여 국제사회에서도 경쟁력 있는 미래의 인재로 육성해야 합니다. 이러한 흐름을 쫓지 못하고, 세계와 소통하고 경쟁하는 것을 그저 다른 나라, 다른 대도시의 일로만 생각해서는 더 큰 성장과 발전을 이룰 수 없습니다.

저는 오랜 시간 동안 우리나라의 대외경제 관계 및 협력 전략을 연구하면서 냉철한 이성으로 국가의 경제정책 수립에 기여해 왔습니다. 그리고 대외경제정책연구원장으로 있으면서 세계 정상들, 여러 분야의 글로벌 리더들, 그리고 수많은 해외 석학들과 국익을 놓고 토론하고 협의하고 논쟁하면서 글로벌 네트워크를 구축했습니다.

대외경제 환경이 국내 경제에 미치는 영향이 점차 커지면서 선제적이고 종합적인 대응이 어느 때보다 중요한 지금입니다. 막연히 '국가가 알아서 하겠지' 하는 생각으로 기다리고, 방관할 일이 아니라, 우리가 해야 하는 것이었습니다. 국내에서 우리는 지방도시 '양산'이고, '양산의 한 시민'이지만, 세계로 나가면 우리가 '대한민국'이고 우리가 '국가의 대표'가 됩니다.

저는 정치가 경제의 발목을 잡아서는 안 되고, 경제 연구가 현실을 몰라서도 안 된다는 것을 잘 알고 오랫동안 준비해 왔습니다. 현실 정치에 어떻게 적용해야 하는지 수없이 지켜보며 고민하였습니다.

양산시민 여러분! 저는 여러분이 진심으로 반갑고, 우리 양산을 사랑합니다.

제가 오랜 시간 몸담았고, 어렵게 오른 안정된 자리에서 험한 정치의 길로 용기 내어 나설 수 있었던 것은 지금까지 배우고 얻은 지식과 경험의 자산이, 제 개인의 것이 아니라 자랑스러운 우리나라와 사랑하는 제 고향의 발전을 위해서 쓰여야 하는 것이고, 그 역할을 해내야 하는 것이 남은 시간 저에게 주어진 의무라고 생각했기 때문입니다.

저는 그동안 국가경제정책 수립에 기여한 경험과 지식을 통해 양산을 부·울·경의 중심도시로 만들겠습니다!

저는 지금까지 쌓아온 대외경제관계 및 경제통상협력 전략연구 경험과 국제적인 인적 네트워크를 통해 양산의 글로벌 경쟁력을 높여 우리 양산을 세계가 주목하는 매력적인 미래도시로 발전시키겠습니다!

저는 포용과 상생의 정치를 통해 양산이 함께 성장하고 함께 행복한 도시가 되도록 하겠습니다!

변화 없는 발전은 있을 수 없습니다. 새로운 변화, 더 나은 양산 발전을 위하여 제가 가진 모든 것을 걸고 최선을 다하겠습니다. 시민 여러분의 많은 관심과 응원 부탁드립니다.

감사합니다.

2020년 2월 10일

이재영

21대 국회의원 선거 때 내세웠던 출사표를 다시 읽어보니 사실 많은 생각이 교차합니다. 무엇보다 당시 출사표를 쓰면서 다짐했던 각오가 다시 떠오릅니다.

저는 정말로 대한민국이 세계에서 존경받는 선진국이 되고 우리 양산이 세계에 자랑할 만한 강한 경쟁력을 가진 도시가 되길 간절히 바라고 또 그렇게 만들 수 있다고 생각합니다.

문제는 시간입니다. 기회의 창이 열려 있을 때 재빠르게 기회를 포착해 움직여야 합니다. 그래서 저의 마음은 더 간절했습니다. 어떻게 해서든 21대 국회에 진출해 그 기틀을 마련해 보고 싶었습니다. 출사표는 그러한 간절한 마음을 담아 작성했던 것입니다.

하지만 저는 선택을 받지 못했습니다. 한동안 좌절했지만 왜 제가 선택을 받지 못했는지를 되돌아보면서 다시 용기를 냈습니다.

그래서 낙선한 이후 지금까지 고향 양산에 터를 잡고 지역 구석구석을 찾아다니면서 시민 밀착형 행보를 해 왔습니다. 양산 시민들의 마음을 얻고 진정성을 알리면서 고향과 조국을 위해 기여할 기회를 잡기 위해 노력을 하고 있습니다.

그동안 지역 조직을 강화하고 외연을 확장하면서 지난 2022년 지방선거에서 시의원 5명을 배출했습니다. 또한 통도사 인도 불상 유치, KTX 물금역 정차 및 녹십자분석센터 유치를 비롯하여 우리 양산 지역의 문화예술, 교통인프라, 의료·바이오 클러스터 형성 등 시민들의 크고 작은 민원 해결에 직간접적인 역할을 해왔습니다.

양산은 제 고향이자 장차 경남과 대한민국의 발전을 이끌어 갈 보물 같은 지역이라 생각합니다.

양산은 그동안 신도시 개발 덕분에 단기간에 양적 성장을 이루었으나 천혜의 자연환경, 빛나는 문화유산, 쾌적한 주거환경, 생산과 유통 허브 등 보유하고 있는 잠재력을 최대한으로 실현하지 못한 측면이 있습니다. 특히 신도시 중심부에 장기간에 걸쳐 방치된 유휴부지, 부울경 메가시티 연합청사 유치 물거품 등 기회를 놓치는 부분을 보면 안타까운 심정입니다.

대변혁기에 현실에 안주하는 것은 양산과 대한민국의 쇠퇴를 초래할 것입니다. 저출생·고령화 시대에 양산이 재도약의 기회와 타이밍을 놓치면 서부 경남의 특정 도시처럼 지방소멸의 늪에 빠져들 우려가 있습니다. 현재 양산은 번영과 쇠퇴의 커다란 갈림길에 서 있다고 생각합니다. 그러므로 양산이 재도약을 통해 매력적이고 경쟁력 있는 도시로 거듭나려면 현실 안주가 아니라 담대한 비전과 실천이 병행되는 새로운 변화와 혁신이 따라야 합니다.

특히 글로벌 경제의 불투명성이 지속되고 우리 경제가 침체

되면서 양산 시민이 어려움에 직면한 상황에서 저는 민생경제를 챙기며 미래지향적인 발전전략을 제시하기 위해 착실히 준비해 오고 있습니다. 양산이 보유하고 있는 잠재력과 기회를 최대한 살려 양산의 꿈을 실현하기 위해 문화, 산업과 물류, 인재 등 양산의 자산을 극대화할 수 있는 전략을 수립하여 추진하고자 합니다.

크게 보면 우리 지역에 미래 성장동력인 기존 제조업의 산업전환과 물류산업의 발전, 의료·바이오 및 의료관광 산업 육성, 그리고 교육 및 문화예술관광 부문의 육성을 통해 양산을 경쟁력 있고 매력적인 도시로 발전시키는 것이 바람직하다고 생각합니다. 4차 산업혁명 시대에 부합하는 지역 기업의 산업전환과 국제화를 추진하고, 양산부산대병원을 세계적인 의료·바이오 단지로 육성하고, 낙동강과 황산공원, 배내골, 통도사 등을 아울러 바다와 육지를 연계하는 친환경 국제 관광벨트를 조성하고자 합니다.

이와 더불어 첨단산업들이 즐비하게 유치되고 아이들의 교육이 꽃피고 시민들이 환경과 문화를 향유하며 행복하게 살아가는 매력적인 도시로 만들고자 합니다. 시민들이 15분 내 직장을 갈 수 있고, 15분 내 문화생활 즐기고 아이들을 교육시킬 수 있는 누구나 살고 싶어 하는 그런 양산을 만들어 나가고자 합니다. 양산 시민들이 마음껏 즐길 수 있는 각종 체육 시설을 확충하여 전국의 생활체육인들이 가장 부러워하는 명품 스포츠 도시로 가꾸어 나가려 합니다.

요컨대 양산을 낙동강 및 주변 하류를 중심으로 미래형 최첨단산업과 스마트시티가 접목된 도시로 발전시켜 '활력 넘치는 친환경 성장도시 양산'을 만들고, 더 나아가 동남권에서 '가장 행복한 미래도시', '작지만 강한 글로벌 혁신도시'로 우뚝 세워 나가겠습니다.

이와 같이 제가 고향 주민들의 선택을 받고 국가와 고향에 기여할 수 있도록 저 자신을 갈고 닦고 있습니다. 열심히 길을 닦다 보면 제 진심과 열정을 이해하고 함께 해주는 시민들의 숫자가 늘어날 것이라고 확신하고 있습니다.

저는 고등학교 때부터 저의 좌우명으로 "찾는 자는 잃고 잃는 자는 찾는다"를 세웠습니다. 비록 단기적으로는 손해를 본다 하더라도 항상 희생정신으로 봉사하고 남을 존중하면서 대의를 추구해 살아간다면 언젠가는 널리 인정받게 될 것이란 뜻입니다. 지금도 이 좌우명을 세울 때의 초심을 잃지 않으려 노력하며 살아가고 있습니다.

우리가 항상 확신에 차서 어떤 선택을 하는 것은 아니지만, 선택을 위해 필요한 작은 용기가 자신을 바꾸고, 세상을 바꾸고 나아가 역사를 바꾸게 됩니다. 변화와 혁신을 위해서는 시민 여러분의 용기가 필요합니다.

새로운 양산을 위해서 새 인물을 선택해 주십시오. 여러분의 선택을 후회하지 않을 수 있도록 변화된 양산을 만들어 내겠습니다. 여러분의 선택이 여러분과 우리 모두의 삶을, 우리 양산을 멋진 작품으로 만드는 첫걸음이 될 것이라 확신합니다.

통도사와 인도
1,400여 년 전의 진신사리, 2021년의 인도 청동 불상

저는 불교 신자입니다. 일상생활 속에서 부처님의 가르침을 따르려 노력하고 있습니다. 고등학교 재학 시절에는 불교학생회 활동을 하면서 회장을 맡기도 했습니다. 법회, 수련회, 체육회 등을 통해 불자들과 교류했던 일이나 특히 밤새도록 3천배를 성공한 것도 기억에 남아 있습니다.

그리고 무엇보다 인연의 소중함을 불자로서 마음에 깊이 새기고 있습니다. 인드라망의 정신을 잊지 않고 있습니다. 그래서 저는 사람과의 만남을 매우 귀중하게 생각합니다.

지난 2021년 통도사에 인도 부처님 불상을 모시게 된 것도 인연의 소중함에서 시작됐습니다. 1,400여 년 전 부처님의 진신사리와 불법이 통도사에 전해진 이후 인도에서 정부가 직접 기증한 불상이 통도사에 봉안되게 된 과정을 회상해 보면 정말 '인연이란 소중한 것이다'라는 사실을 새삼 깨닫게 됩니다.

인도 정부가 국가 차원에서 통도사에 불상을 기증한 역사적인 일은 저와 인도 대사와의 작은 인연에서 시작됐습니다. 더 자세히 좁혀서 이야기하면 저의 양산 자랑에서 시작됐습니다. 이야기가 조금 길어지겠지만 조금 더 자세히 인도 불상이 통도사에 오게 된 과정을 설명드리고자 합니다.

(고등학교 재학시절 체육대회에 참가해 우승한 후 금강염화학생회의 친구들과 함께, 맨 뒷 줄 오른쪽에서 두 번째가 필자)

저는 고향 양산이 발전하려면 세계인이 찾아오는 명소가 되어야 한다는 생각을 일찍부터 가지고 있었습니다. 명소가 되려면 매력이 있어야 합니다. 요즘 말로 스토리가 있어야 합니다. 그래야만 도시가 지속 가능한 경쟁력을 갖출 수 있고 규모가 아니라 실력으로 인정받는 도시가 될 수 있습니다.

특히 하드웨어적인 매력뿐 아니라 문화와 이야기가 살아있는 소프트웨어적인 측면에서도 세계인들이 매력을 느껴 찾아올 그런 고향을 만들고 싶다는 생각을 항상 가지고 있었습니다.

제가 보기에 우리 양산은 세계에 내놓을 수려한 자연과 스토리 텔링의 소재가 가득한 곳입니다. 낙동강, 천성산, 배내골, 영축산 등의 자연경관과 유네스코 세계문화유산에 등재된 천년 고찰 통도사, 허황후 설화 등 각종 이야기 소재가 넘치는 곳입니다. 여기다 도자기, 토성, 고분 등 미래 아시아의 국제 문화관광의 중심지로 부상할 잠재력도 넘치는 곳입니다. 사통팔달의 교통요지이기도 합니다. 그러므로 우리 양산은 열린 도시가 될 자양분이 풍부합니다.

저는 우리 양산의 이러한 특징들, 가장 양산적인 특징을 세계에 알리고 이를 체계적으로 키워낸다면 미래 아시아를 대표하는 강력한 매력 도시가 될 수 있다고 확신하고 있습니다.

실제로 저는 이러한 확신을 현실화하기 위해 글로벌 경제전문가로서 활동하면서 제가 만난 광범위한 국제적 인사들에게 우리 양산을 적극적으로 홍보하고 다녔습니다.

그 결과 2017년엔 몽골 대통령님이 저와의 인연으로 원동의 제 고향집을 방문했고 체류 기간 원동을 비롯해 양산 곳곳을 다녀갔습니다. 몽골 대통령님 이외에도 많은 해외 인사들이 저

(스리프리야 란가나탄(Sripriya Ranganathan) 당시 주한 인도 대사와
양국 간 경제협력 및 양산과 인도의 협력을 논의하는 필자, 오른쪽 가운데)

와의 인연으로 우리 양산을 방문했습니다. 그들은 이구동성으로 양산이 이런 매력이 있는 줄을 몰랐다. 기회가 된다면 꼭 다시 오고 싶다고 감탄했습니다. 저는 이들의 반응을 보고 더 자신감이 생겨 고향 자랑을 더 자주하게 됐습니다.

인도 정부의 불상 기증도 이런 저의 고향 자랑에서부터 일의 단초가 시작됐습니다. 제가 대외경제정책연구원장으로 재직하던 2019년 11월의 어느날 저는 스리프리야 란가나탄(Sripriya Ranganathan) 당시 주한 인도 대사를 만났습니다.

제가 우리 정부의 대외경제전략에 대해 자문을 하고 외국과의 교류에 나름 정책적 영향력이 있는 자리에 있다 보니 주한 외국 대사나 외국의 저명한 인물들이 자기 나라와 한국의 교류를 강조하기 위해 저를 만나는 일들이 많았습니다.

란가나탄 당시 주한 인도 대사와의 만남도 이런 일들 중의 하나였습니다. 우리는 한국과 인도 간 경제협력 방안을 비롯한 양국 간 협력과 교류의 증진을 위한 허심탄회한 이야기를 나누었습니다.

대화가 끝나갈 즈음 저는 본격적으로 양산을 홍보하기 시작했습니다. 진짜 아름다운 곳이고 매력이 넘치는 곳이니 꼭 한번

(푼살마긴 오치르바트 몽골 초대 대통령과
함께 2017년 양산 국화축제를 관람하고 나서)

방문해 보라고 권했습니다. 란가나탄 인도 대사는 인도도 경남과 인연이 깊다고 했습니다. 그러면서 가락국에 시집온 인도의 허황후 이야기를 자랑스럽게 했습니다.

저는 기회를 놓치지 않고 바로 그 허황후가 시집온 마을에서 강을 건너면 그곳이 양산이라고 말했습니다. 당신이 자랑하는 한국과 인도의 교류의 현장을 아직도 가보지 않았다면 대사의 직무유기라고 농담도 건네면서 란가나탄 대사에게 기회가 있으면 꼭 방문하라고 다시 강력히 권했습니다.

그리고는 2017년에는 몽골 대통령도 다녀갔고 다른 외국인들도 많이들 방문한다고 말했습니다. 란가나탄 대사는 흥미가 생긴 듯이 이런저런 질문을 하더니 기회를 만들어 꼭 한번 양산을 방문하겠다고 했습니다. 그러면서 저에게 적당한 기회에 당신이 초청해 주면 더 좋을 것 같다고 말했습니다. 저는 당연히 시간을 만들어 보자며 초청을 약속했습니다.

그후 저는 대외경제정책연구원장을 그만두고 정치에 뛰어들었습니다. 총선을 준비하느라 정신이 없었습니다. 란가나탄 대사와의 양산 일정도 기약 없이 미뤄졌습니다.

2020년 4월 총선에서 낙선한 이후 조용히 머리를 식히며 생각을 정리하고 있던 때 란가나탄 대사가 연락을 해왔습니다. 그리고는 저를 만나 한국과 인도 간의 경제협력에 관한 이야기를 나누고 싶다고 했습니다.

(필자의 초청으로 양산을 방문한
오치르바트 몽골 초대 대통령과 가야진사 앞에서)

(오치르바트 몽골 초대 대통령 천태사 방문,
앞줄 가운데가 천태사 진우 주지 스님)

저는 란가나탄 대사님에게 제가 더 이상 국가기관에 근무하고 있지 않고, 정치를 하기 위해 고향에 있기 때문에 적절하지 않은 것 같다고 거절했습니다.

하지만 란가나탄 대사님은 그 상황을 다 알고 있지만 제가 대외경제정책연구원장 시절에 제안했던 한국과 인도와의 협력에 대한 아이디어나 국제 정세에 대한 견해들이 너무나 감명 깊었다며 현직이 아니어도 상관없으니 거듭 만나자고 요청을 해왔습니다. 저는 요청에 응하며 우리 양산의 예술가 한 분을

(란가나탄 당시 주한 인도 대사와 한남동 레스토랑에서)

같이 모시고 가겠다고 했습니다. 양산의 문화예술을 인도까지 전파하기 위해 우리 지역의 예술인을 소개해 드리고 싶었기 때문이었습니다.

2020년 7월 7일 서울 한남동의 인도 대사관저 부근의 레스토랑에서 오찬을 겸해 이루어진 만남에서 저는 한국과 인도의 협력이 지속 가능하려면 뿌리가 튼튼해야 한다며 무엇보다 문화적 뿌리를 강화할 필요가 있다고 말했습니다. 그리고 그 문화적 뿌리 위에 인적 교류, 산업 교류 등을 이어간다면 협력은 탄

(좋은 양산포럼 주최 양산과 세계와의 대화에 참여한 란가나탄 당시 주한 인도 대사와 필자, 앞줄 오른쪽에서 두 번째)

탄대로를 걷게 될 것이라고 말했습니다. 그러면서 먼저 우리 고향 양산과 인도의 문화 및 경제 교류 활성화를 제안했습니다.

란가나탄 대사님과의 대화는 시간이 가는 줄 모르고 계속됐습니다. 이미 여러 번의 만남을 통해 서로의 진정성을 확인하고 신뢰감을 이어온 관계로 대화는 다양한 주제를 넘나들며 이어졌습니다.

란가나탄 대사님은 인도의 입장에서 한국과 인도 양국이 시너지 효과를 낼 수 있는 분야로 인프라 분야를 꼽고는 인도 정부가 2019년부터 야심차게 추진 중인 도로, 항만, 파이프라인, 스마트 시티 등 인프라 프로젝트에 한국기업이 적극 참여해 주기를 희망했습니다.

저는 란가나탄 대사님의 말씀에 동의하면서 최근에는 한국 기업들도 인도에 대한 관심이 높아졌지만 코로나19로 경기가 좋지 않고 성장 동력을 새롭게 창출하려면 협력 분야도 기존의 분야 외에도 혁신 산업 분야 등 새로운 영역의 협력 분야를 발굴해야 한다고 강조했습니다.

이야기가 한참 무르익었을 때 저는 다시 양산으로 화제를 이끌었습니다. 마침 그 자리에는 사전에 양해를 구하고 모시고 간 양산의 저명한 도예가이신 신한균 사기장님이 계셔서 양산 자랑은 더욱 재미있게 이어졌습니다.

우리는 한국과 인도의 경제협력 분야 외에도 양산지역과 인도 지역 간의 문화예술 분야의 교류협력 방안에 대해 여러 아이디어를 교환하며 심도 있는 논의를 할 수 있었습니다.

신한균 사기장님이 양산 문화예술의 한 축을 이루고 있는 도자기에 대한 설명을 하자, 란가나탄 대사님은 인도의 저명한 도자기 생산 지역과 교류가 가능할 것이라며 흥미를 보였습니다.

저는 추후 좋은 날을 택하여 란가나탄 대사님을 양산에 초청하여 자랑스런 우리 양산 지역의 문화유산과 자연을 보여드리기로 했습니다. 상호 간의 교류협력 증진은 미래 세대에 희망이 될 것이며, 그렇게 양산의 국제화도 한 걸음씩 진전되고 품격도 높아질 것으로 생각했습니다.

그날의 오찬을 끝내면서 저와 란가나탄 대사님은 미래는 국가별 지방도시 간 교류 협력의 의미가 커질 것이라는 데 공감했습니다. 그리고 조만간 일정을 잡아 란가나탄 대사님이 양산을 방문하기로 합의했습니다.

드디어 2020년 10월 20일~21일 1박 2일 일정으로 란가나탄 대사 부부가 양산을 방문했습니다.

저는 '좋은 양산포럼'과 함께 대사님 부부를 초청하면서 첫 방문에서 확실한 매력을 보여주어야 한다는 생각에 번잡하지 않지만 가급적 다양한 양산의 매력을 보여드리려 고민했습니다.

먼저 무엇보다 사람들의 살아있는 교류 의지를 보여줄 필요가 있었습니다. 그래서 '좋은 양산포럼'이 주최한 '양산과 세계와의 대화'에서 인도를 사랑하는 양산 시민들과 란가나탄 대사님과의 대화 모임을 가졌습니다.

두 번째는 양산과 인도의 문화적 유대와 양산의 문화적 매력을 실감나게 보여줄 생각을 했습니다.

그래서 통도사에서 1박을 하는 일정을 특별히 마련했습니다. 통도사의 현문 주지 스님은 이런 의미를 좋게 평가하시면서 시간을 할애해 주셨고 대사님 부부를 포함한 일행들과 뜻깊은 자리를 함께 해주셨습니다. 정말 큰 스님의 혜량에 깊은 감사의 마음을 다시 한번 표하고 싶습니다.

(왼쪽부터 부구욱 영산대 총장, 란가나탄 대사 부부,
통도사 현문 주지 스님, 김일권 양산시장, 필자)

　통도사에서 1박을 하면서 현문 주지 스님과 김일권 양산시장님, 부구욱 영산대 총장님, 이순철 '좋은 양산포럼' 상임대표님 등 양산을 아끼고 사랑하는 여러 분야 리더들과 정담을 나누었습니다.
　특히 란가나탄 대사님과 현문 주지 스님과의 차담을 겸한 정담의 시간에 란가나탄 대사님은 인도 정부를 대표하는 공식 대사의 신분으로 인도 정부에서 통도사에 불상을 기증하겠다는 의사를 공식으로 표하였고 통도사 측에서는 흔쾌히 그 제안을

(란가나탄 당시 주한 인도 대사의 양산상공회의소 방문,
앞줄 오른쪽에서 두 번째 필자)

받아들였습니다. 이후 제가 심부름을 하면서 이듬해 5월 통도사에 인도 불상을 모시기 위해 후속 작업을 시작했습니다.

한편 란가나탄 대사님의 양산 방문을 준비하면서 저는 그것이 한국의 지방도시와 인도와의 미래를 위한 협력의 기틀을 만드는 데 일조하는 것이어야 한다고 생각했습니다. 그래서 저는 이번 방문 일정의 세 번째 목표로 지역을 대표하는 문화인의 일터, 경제인들과의 면담을 추진했습니다.

그 결과 통도사에서 1박을 하고 난 다음 날인 10월 21일에는 전통 도예가 신한균 사기장의 작업장 방문과 양산상공회의소

(란가나탄 당시 주한 인도 대사와 양산부산대병원 간담회 장면, 인도 대사의 오른쪽이 필자)

주최 지역기업가 간담회, 양산부산대병원 방문 등을 진행했습니다.

주한 인도 대사 내외분의 첫 양산 방문은 세계 5대 경제대국인 인도에 유네스코 세계문화유산으로 등재된 통도사를 널리 알리고, 양산 중소기업과 인도 간의 경제협력을 확대하는 계기가 되었습니다.

또한 국립 양산부산대병원 중심의 K방역 소개를 통한 보건의료 협력을 모색하고, 양산의 도자기 공예를 홍보하고 영산대

(란가나탄 당시 주한 인도 대사 부부와
신한균 사기장의 신정희요 방문, 중간이 필자)

와 글로벌 인적교류 활성화 방안을 모색하는 좋은 기회가 되었습니다. 아울러 문화예술, 경제, 보건의료, 교육 등 다방면의 상호협력 확대방안을 모색하는 소중한 계기가 되었습니다.

란가나탄 대사님이 양산을 방문하고 난 후 저는 후속 작업을 치밀하게 진행했습니다. 저의 오랜 국제 교류 협력 경험에 의하면 아무리 좋은 의미로 서로 약속을 하고 의지를 표명하더라도 후속 작업을 치밀하게 진행하지 않으면 약속의 현실화는 언제가 될지 모른다는 사실을 잘 알고 있기 때문입니다. 그래서 대사님 부부가 방문을 끝마친 이후부터 곧바로 진행 사항을 수시로 체크했습니다.

특히 부처님의 진신사리가 모셔진 통도사에 인도에서 제작한 불상이 모셔지면 그 의미가 남다를 것으로 생각해 이 부분의 실현을 위해 더욱 노력했습니다. 저 자신이 불자(佛子)이기도 해 인도 정부가 국가 차원에서 제작해 기증하기로 약속한 불상이 부처님 오신 날 즈음에 모셔진다면 더 큰 영광이 없을 것이라는 생각도 하게 됐습니다.

후속 작업은 주로 전화와 대사관을 방문해 관련자를 면담하는 방식으로 진행했습니다. 그래서 수시로 한남동에 있는 인도 대사관을 방문했습니다. 그때마다 스리프리야 란가나탄 대사님과 수린더 바가트(Surinder Bhagat) 공관 차석 등은 저를 따뜻하게 맞아 주었습니다. 그리고 저를 안심시키며 이재영 박사님과 같은 열정이 있는 인재가 10명만 더 있으면 한국과 인도는 이미 세계에서 가장 훌륭한 협력의 성과를 냈을 것이라고 말하기도 했습니다.

스리프리야 란가나탄 대사님은 특히 제가 불자인 것을 알고 계시기 때문에 저를 만날 때마다 통도사에 대한 인도 불상 기증과 인도 영화 상영 계획은 순조롭게 잘 진행되고 있다며 저를 안심시켰습니다.

이어 현재 인도와 김해는 의료장비, 대구는 섬유 분야를 중심으로 도시 간 교류 협력이 진행되고 있다고 말하고 향후 양산과는 새로운 협력, 즉 양산의 특화된 산업과 가장 부합하는 인도의 도시를 선정하여 상공회의소 혹은 기업 간 협력을 확대시켜 나가길 희망한다고 말했습니다. 그리고 협력의 제도화를 위해 저와 지속적으로 논의해 나가자며 협력의 의지를 밝혔습니다. 저도 양국의 협력사업이 소기의 성과를 낼 수 있도록 양산에서도 열심히 하고 있다며 화답했습니다.

2021년 4월 드디어 인도에서 특별 제작된 불상의 한국 이송이 확정되었습니다. 인도 정부 차원에서 제작한 불상을 4월 중순경 국내에 모셔와서 5월 부처님 오신 날에 유네스코 세계문화유산에 등재된 양산 통도사에 안치하기로 한 것입니다.

4월 15일 한국과 인도의 우호 협력의 상징이 될 인도 부처님상이 마침내 한국 땅을 밟았습니다. 이날 인도에서 온 무게 225kg의 청동으로 조성한 부처님상을 통도사로 들어 모시는 봉불이운식(奉佛移運式) 상차 법회가 4월 30일 서울 한남동에 있는 인도문화원에서 성대히 봉행됐습니다.

(봉불이운식 상차 법회에서 축원 의식과
함께 인도 전통 공연을 하는 장면)

상차 법회에는 통도사 현문 주지 스님을 비롯한 통도사 스님들과 조계종 문화부장 오심 스님, 스리프리야 란가나탄 주한 인도 대사 등 인도 대사관 관계자, 여한구 청와대 대통령비서실 신남방·신북방비서관, 국회 정필모 의원, 최종윤 의원, 박성준 의원 등 여러 분이 참석하여 축원 의식과 함께 인도 전통 공연 등이 펼쳐졌습니다.

5월 16일엔 통도사에서 봉불식을 성대히 거행했고 5월 19일 부처님 오신 날에는 별도의 축하 행사를 진행했습니다. 특히

(봉불이운식 상차 법회에 참석한 주요 참석자들. 왼쪽부터 통도사 총무국장 종현 스님, 불자, 정필모 국회의원, 필자, 란가나탄 인도 대사, 통도사 현문 주지 스님, 최종윤 국회의원, 박성준 국회의원, 여한구 청와대 비서실 신남방·신북방비서관, 조계종 문화부장 오심 스님)

봉불식 날에는 란가나탄 주한 인도 대사를 비롯한 인도 대표단, 양산 시장 등 양산의 주요 인사들과 문화체육관광부 고위인사, 국회 김정호 의원, 최인호 의원, 윤영석 의원, 윤건영 의원, 정필묘 의원 등 정치인들 외에도 수많은 양산 시민들과 불교 신도들이 참석하여 축원드렸습니다.

1,400여 년 전에 부처님 진신사리와 불법이 통도사에 전해진 이후 인도에서 직접 불상이 들어온 것은 처음입니다. 그것도 인도 정부가 정식으로 국가의 선물로 기증한 것이라 각별한 의

(봉불이운식 상차 법회 후 부처님 이운 수송 차량 앞에서 기념 촬영하는 주요 참석자들. 통도사 현문 주지 스님, 통도사 총무국장 종현 스님, 란가나탄 주한 인도 대사, 트리베디 인도문화원장, 여한구 청와대 대통령비서실 신남방·신북방비서관, 필자)

미가 있습니다. 저는 인도 정부에서 제작하여 기증한 청동 불상이 통도사에 안치되는 봉불식을 지켜보면서 불자로서 정말 무한한 영광과 감동의 마음을 갖고 절을 올렸습니다.

당일 란가나탄 인도 대사님도 큰 감동을 받은 듯 했습니다. 1,400여 년 전의 한국과 인도와의 불교로 맺어진 인연이 또다시 새로운 상징적 행사로 발전하는 장면을 지켜본다는 감동이 대사님의 얼굴에 가득한 듯 했습니다. 불교의 발상지인 인도 정부의 대사로서 자국에서 조성한 불상을 유네스코 세계문화유산

(통도사에서 진행된 인도 불상 봉불식에서 현 조계종 제15대 종정 성파 스님이 축사를 하고 있다.)

(통도사에서 진행된 인도 불상 봉불식에 참여한 주요 인사들, 앞쪽 왼쪽부터 정필모 국회의원, 최인호 국회의원, 란가나탄 인도 대사, 조계종 종정 성파 스님, 통도사 현문 주지 스님, 김일권 양산시장, 윤건영 국회의원, 조계봉 문화부장 오심 스님)

에 등재된 통도사에 모셔놓은 성과는 분명 큰 업적이 될 것입니다.

당시 대사님은 인도 불상 봉불식에 참석하기 위해 양산시를 두 번째 방문했습니다. 대사님은 봉불식 참석과 함께 봉불식 기념음악회, 인도 디지털 영화상영 등 한국과 인도 간 문화 교류 행사도 진행했습니다.

Gautama Buddha

Thousands of candles can be lit from a single candle, and the life of the candle will not be shortened. Happiness never decreases by being shared.
한 개의 초로 수천 개의 초에 불을 켤 수 있지만, 그렇다고 해서 그 초의 수명이 짧아지는 건 아니다.
행복도 나눈다고 해서 줄어들지 않는다.

India and Korea, connected by Buddhism and Shared Happiness
인도와 한국, 불심과 행복으로 하나되다

Gifted by the people of India through the Indian Council for Cultural Relations (ICCR)
인도의 국민들이 인도 문화교류위원회를 통해 기증함

May 2021
2021년 5월

Sculptor
조각가

Naresh Kumar Kumawat
나레스 쿠마르 쿠마왓

(통도사에 모셔진 인도 부처님 상과 그 앞에 새겨진 표식판)

(봉불식 후 인도 부처님 상 앞에서 참배하는 필자)

(봉불식 기념음악회 공연 후 인도 대표단과 함께, 왼쪽에서 세 번째가 필자

 문화 교류 행사는 먼저 전통 도예가 송암 김진량 사기장과의 환담, 인도 영화제 개최 등으로 이어졌습니다. 김진량 사기장과의 환담에서는 양산 도자기의 세계화를 위한 한-인도 도자기 교류전 등 양산시와 인도 간의 국제문화교류 증대를 위해 다양한 분야에서 협력하기로 합의했습니다.
 이후 다양한 공예품과 미술작품이 전시된 복합문화 갤러리인 '스페이스나무'로 이동해 염상훈 대표와 갤러리 불교문화 관련 미술 전시회를 관람했습니다.

(란가나탄 인도 대사 부부와 함께 김진량 사기장의 통도요 방문)

(봉불식에 참석한 인도 대표단 일행을 안내하는 염상훈 스페이스나무 갤러리 대표)

(란가나탄 주한 인도 대사와 김진혁 양산영화인협회 지회장 등과 상호 협력방안 논의)

이어 양산영화인협회 김진혁 지회장 및 연기자들과 한-인도 영상영화컨텐츠 교류와 단편 영화제작, K-콘텐츠의 해외 수출 등 문화산업 전반에 대해 논의했습니다.

이 외에도 양산과 인도 간의 교육분야의 교류협력 방안에 대한 논의도 있었습니다. 당시 박종대 양산시 교육장님과 학부모 대표들이 통도사에서 란가나탄 인도 대사님과 교육협력에 대해 의견을 교환했습니다.

저와 란가나탄 대사님은 한국과 인도, 양산과 인도의 교류가 성과를 내려면 지속성이 제일 중요하다고 보고 2021년에 이

(란가나탄 주한 인도 대사, 박종대 양산시교육장과 학부모 대표)

러한 지속성을 담보할 행사를 하나 하자고 했습니다. 그래서 우리는 한국과 인도의 교류를 상징하는 문화행사를 2021년 중에 양산에서 다시 갖자고 했습니다.

그리하여 우리는 양국 간 국제문화교류를 위한 사업을 추진하기로 했습니다. 란가나탄 대사님은 만약에 행사가 잘 준비된다면 인도 정부 차원에서 동아시아를 담당하는 차관님과 인도 문화교류위원회의 고위급 인사가 참석할 수 있도록 하겠다고 했습니다.

저는 최선을 다해 행사를 준비할 것이고 양산과 인도의 협

(소누 트리베디 인도문화원장과 수린더 바가터 부대사와
함께 한송예술촌 산인요 갤러리 방문)

력이 통도사에 모셔진 부처님의 진신사리처럼 한국과 인도의 협력, 동아시아와 세계의 평화와 협력을 위해 상징적인 행사로 커나갈 수 있기를 바란다는 소망을 피력했습니다.

5월 19일 부처님 오신날에는 소누 트리베디 인도문화원장과 수린더 바가트 부대사 일행이 통도사에서 열린 봉축식에 참석하였습니다. 이후 한송예술인촌과 산인요 갤러리를 방문하여 양산 문화예술을 둘러보고 협력 방안 등을 논의하고 돌아갔습니다.

(한·인 국제문화교류 전시회를 연 경남미술창작소)

 2021년 8월 통도사와 경남미술창작소 김복선 회장은 한국과 인도 양국 간 국제문화교류를 기념하는 '그물에 걸리지 않는 바람' 전시회를 개최했습니다. 코로나19로 인해 인도측 인사들이 이 전시회에 참여하지 못했지만 곧 인도 정부의 고위급 대표단이 통도사를 방문했습니다.

2021년 9월 리바 강굴리 다스 인도 외무부 동아시아 담당 차관과 디네쉬 K. 파드나익 인도문화교류위원회(ICCR) 사무총장, 스리프리야 란가나탄 주한 인도 대사, 소누 트리베디 주한 인도문화원장 등 인도 정부 대표단이 통도사를 방문했습니다.

당시 저는 리바 강굴리 다스 차관님을 비롯한 인도 정부 대표단 일행에게 양산과 인도 간의 문화예술 협력 외에도 의료•바이오, 관광, 교육, IT 분야의 협력이 유망하다고 제안했습니다.

그리고 저 자신도 앞으로 양산의 발전과 국제화를 통한 글로벌 경쟁력 제고를 위해 더욱 노력하겠다는 약속과 다짐을 했습니다.

봉불식에 이어 인도 외교부 차관을 비롯한 인도 정부의 고위급 대표단이 통도사에 다녀간 후 란가나탄 대사님은 감사의 뜻으로 저희 부부를 한남동에 있는 대사 관저로 초청하여 환대해 주셨습니다.

저와 란가나탄 대사님과의 개인적인 약속과 면담으로 시작된 교류가 이처럼 확대돼 한국과 인도 양국을 잇는 문화 교류의 성과로 자리매김한 것은 참으로 의미가 깊다고 생각합니다. 저는 이러한 결과가 부처님의 말씀처럼 이루어졌다고 생각합니다. 정말로 사람의 인연은 소중하지 않은 것이 없고, 모든 만남과 인연에 대해 열과 성을 다해 최선을 다하면 반드시 좋은 결과가 있다는 그러한 가르침 그대로라고 생각합니다.

란가나탄 대사님은 2022년 5월 16일 인도 정부에서 통도사에 기증한 인도 불상 봉불식 1주년을 맞이하여 통도사를 다시 방문했습니다. 한국에 주재하는 대사님들이 얼마나 바쁜지 잘 아는 저는 란가나탄 대사님이 이렇게 자주 양산과 통도사를 찾아주신 것, 마음 씀씀이에 너무나도 감사했습니다. 이제 한국에 있는 인도인들 그리고 한국을 방문하는 아시아의 많은 관광객들은 양산에 모셔져 있는 인도에서 온 부처님을 보고, 부처님의 진신사리를 친견하면서 한국과 인도 교류의 깊이를 감동적으로 체감하게 될 것입니다.

그리고 이미 그 상징적 모습을 란가나탄 대사님이 이렇게 자주 통도사를 찾는 모습으로 보여주고 있는 것입니다. 저는 양산과 인도의 교류가 정말 나무처럼 쑥쑥 잘 자라는 것 같은 느낌을 받았습니다.

그동안 란가나탄 대사님과 주고받은 우정과 따뜻한 말들 그리고 서로를 믿어주고 추진했던 일들, 그동안의 인연과 성과들이 줄줄이 영화의 한 장면처럼 흘러갔습니다.

란가나탄 대사님과 함께 통도사 국제 템플 스테이관에 모셔져 있는 인도에서 모셔온 부처님께 참배한 후 종정예하 중봉 성파대종사님을 뵈러 갔습니다. 당시 종정 스님께서는 란가나탄 대사님과 저를 맞아 차를 내주시면서 따뜻한 격려 말씀을

(인도 정부 대표단이 통도사 국제템플스테이관에 모셔진 인도 부처님 상 앞에서. 왼쪽부터 통도사 사회국장 성오 스님, 필자, 디네쉬 K. 파드나익 인도문화교류위원회(ICCR) 사무총장, 스리프리야 랑가나탄 주한 인도 대사, 리바 강굴리 다스 인도 외무부 동아시아 담당 차관, 통도사 총무국장 종현 스님, 통도사 염불대학원 영산 스님)

해 주셨습니다. 종정 스님의 말씀에 인도 대사님과 저는 깊은 감동을 받았고 큰 힘을 얻었습니다.

이날의 통도사 방문을 마지막으로 랑가나탄 주한 인도 대사님은 한국에서의 임기를 마치고 본국으로 돌아갔습니다. 하지만 대사님은 인도와 통도사 간의 협력이 지속되도록 지금도 열심히 노력하고 계십니다.

스리프리야 랑가나탄 대사님은 이후 워싱턴으로 새로운 임

(리바 강굴리 다스 인도 외무부 동아시아 담당 차관과 디네쉬 K. 파드나익 인도문화교류위원회(ICCR) 사무총장, 스리프리야 란가나탄 주한 인도 대사 등이 통도사를 방문해 경내를 돌아보고 있는 장면)

무를 받아 떠났습니다. 한국 대사로는 아밋 쿠마르 대사님이 새롭게 부임했습니다.

2023년 1월 7일 '양산 인도영화제'가 새로운 대사님이 참석한 가운데 열렸습니다.

좋은 양산포럼, 통도사, 부산외대 인디아센터가 공동 주최하는 양산인도영화제는 란가나탄 대사님 이후에도 양산과 인도 그리고 통도사와 인도의 관계가 지속적으로 발전할 것임을 보여주는 상징적인 행사였습니다.

양산과 인도, 그리고 저와 인도의 아름다운 인연도 계속 이어지고 있습니다.

앞으로 세계요가대회 유치 등 양산과 인도의 더 넓고 깊은 교류협력을 추진해 나갈수 있도록 최선을 다하겠습니다.

그래서 우리 양산이 '활력이 넘치는 글로벌 성장도시'가 될 수 있도록 저도 최선을 다하겠습니다.

문재인 대통령과 양산

2022년 5월 양산에 새로운 역사가 시작됐습니다. 경남 양산시 하북면 지산리 평산마을에 문재인 대통령님이 퇴임 후 이사를 오신 겁니다.

이로써 양산은 국가의 원수를 지내신, 나라의 큰 인물이 거주하는 도시가 됐습니다. 2008년 김해시 진영읍 봉하마을로 낙향한 노무현 전 대통령님에 이어 두 번째로 경남에 두 분의 전직 국가 원수가 거처를 정하는 사례가 됐습니다.

특히 양산은 문 대통령님이 오시면서 수려한 자연경관, 세계문화유산인 통도사, 전직 대통령이 거주하는 3대 자랑거리가 있는 도시로 우뚝 서게 됐습니다. 아마도 전 세계에 이렇게 뛰어난 자연과 문화유산 그리고 큰 인물이 한 공간에 존재하는 곳은 드물 것입니다. 그런 점에서 문 대통령님은 귀향과 동시에 우리 양산에 큰 선물을 주신 것입니다. 지역 주민의 한 사람으로서 참으로 감사한 마음입니다.

저는 문 대통령님의 양산 귀향을 계기로 제가 꿈꾸는 양산의 미래가 조금 더 빨리 이룩될 수 있다는 확신을 갖고 있습니

(2022.5.10. 양산 평산마을로 귀향하고 있는 문재인 대통령 부부)

다. 저는 우리나라의 균형발전, 지방 도시의 발전은 갇힌 도시 모델이 아닌 열린 도시 모델이어야 한다고 생각합니다.

매력적이고 경쟁력 있는 전통문화를 바탕으로 세계와 호흡하고, 국내를 대표하는 강하고 경쟁력 있는 산업을 갖춘 열린 지방 도시가 되는 그러한 양산 시대를 꿈꾸고 있습니다.

문 대통령님의 양산 귀향은 이런 저의 꿈이 조금 더 빨리 이루어질 수 있는 기회가 될 것으로 확신합니다. 문 대통령님의 귀향은 양산의 경쟁력과 매력을 높여주는 확실한 자산입니다.

문 대통령님이 양산 사저가 있는 평산마을에 도착하신 날은 2022년 5월 10일입니다. 양산뿐만 아니라 대한민국 역사에 두고두고 기억될 날입니다. 제가 문재인 대통령님의 사저가 위치한 민주당 양산갑 지역위원장이니 저로서는 더욱더 의미가 큰 날입니다.

당시 저는 대통령님 부부를 영접하러 하북면 평산마을회관 앞 현장에 나갔습니다. 마침 그날 하늘에는 대통령님의 양산 귀환을 환영이라도 하는 듯 햇무리가 떴습니다.

당시 햇무리가 뜬 장면을 보고 많은 사람들이 사진을 찍었습니다. 대통령님도 햇무리가 뜬 장면을 사진을 통해 보신 듯, "내려오는 기차간에서 제가 살 집 위로 햇무리가 뜬 사진을 보았다. 저를 축하해주는 것이고, 여러분 모두 환영해주는 것이라고 생각한다"고 말했습니다.

그리고는 당시 마을회관 앞으로 마중 나온 저를 포함한 많은 지지자들에게 "이곳 평산마을에서 보내게 될 제2의 삶, 새로운 출발이 정말 기대가 많이 된다"고 말씀하셨습니다. 그리고 "이제 평산마을 주민들과 농사도 짓고, 막걸리잔도 나누고, 경로당도 방문하고 잘 어울리며 살아보겠다"고 했습니다. 또 "드디어 제 집으로 돌아왔다. 우리 평산마을 주민들께 전입신고 드린다"며 마을 주민들에게 인사했습니다.

현장에는 많은 시민이 모여서 새로운 생을 시작하는 대통령님의 출발을 응원하고 환영했습니다. 2022년 5월 10일은 저에게는 잊을 수 없는 날입니다. 아마도 문재인 대통령님 부부에게도 잊을 수 없는 날일 거라 생각합니다. 이날부터 문재인 대통령님은 민간인 신분으로 양산 주민이 되셨습니다.

이제 문재인 대통령님 부부가 평산마을 주민이 되신 지 1년 6개월여가 지났습니다. 정착 초기엔 다소 어수선했습니다. 시간이 걸렸지만 그래도 서서히 평화가 찾아왔습니다. 문 대통령님 부부께서는 평산마을에서 소탈한 주민으로 잘 적응하고 계십니다.

그동안 대통령님은 김정숙 여사님과 함께 첫날 말씀하신 약속을 차근차근 실천하셨습니다. 미나리 축제와 매화 축제가 열리는 원동면의 농장을 방문하셔서 관계자들을 격려하기도 했고 막걸리 잔에 술을 담아 주민들과 잔을 부딪치며 격려하기도 하셨습니다. 또한 지역의 문화예술인들을 초청하여 발전방안을

(원동면 미나리농장을 방문한 문재인 대통령님과 부인 김정숙 여사)

(양산 지역의 문화예술인 초청 간담회에 참석한 문재인 대통령님과 부인 김정숙 여사)

논의하기도 하셨습니다. 주민들도 국가 원수를 지내신 대통령님의 이런 소탈한 모습을 좋아하며 대통령님이 같은 마을 주민인 것을 자랑스럽게 생각하고 있습니다.

(평산책방 홈페이지에서)

2023년 4월에 문재인 대통령님의 주요 활동 공간으로 평산책방이 문을 열었습니다. 4월 26일 정식으로 영업을 개시한 평산책방은 아담한 공간입니다. 3면이 서가로 둘러싸여 있고 한쪽 구석엔 '평산 작은 도서관'이라 이름 붙인 공간이 있습니다.

하지만 이곳은 이미 작은 공간이 아닙니다. 일반 시민들뿐 아니라 주한 외국 대사 등을 포함해 많은 국내외 인사들이 이곳을 방문하는 등 양산의 새로운 상징과도 같은 공간이 됐습니다.

문 대통령님은 이곳에서 손님을 자주 맞으십니다. 책방을 방문해 문 대통령님을 우연히 만나게 된 시민들과 방문객들은 평산책방 책방지기로서 앞치마를 두른 문 대통령님의 모습이 꽤나 잘 어울린다고들 말합니다.

(평산책방에서 문재인 대통령님과 함께 한 필자와
필자의 아내인 기모란 국립암센터 대학원 교수)

그런데 문 대통령님은 평산 책방지기의 모습만이 잘 어울리는 게 아닙니다. 양산에서 하시는 모든 일들이 참 잘 어울리십니다. 동네 축제장에 방문하실 때도, 동네 어른으로서 명절 때 사람들을 맞이하실 때도, 산책을 겸한 마실을 다니실 때도 모든 모습이 참 잘 어울리십니다.

제가 문 대통령님의 사저가 위치한 양산갑 지역위원장이다 보니 이런 저런 일로 자주 뵙게 되는데 그때마다 참으로 이렇게 주변과 자연스럽게 조화를 이루는 문 대통령님의 모습을 보면서 아름답다는 생각을 하곤 합니다.

문 대통령님께서 평산책방의 책방지기를 하겠다는 결심을 한 것은 꽤 된 것 같습니다. 저는 문재인 대통령님이 2022년 12월 '한겨레' 신문과 출판사 한길사가 공동 기획한 인터뷰를 본 적이 있는데 거기에도 평산책방 개소에 관련한 내용이 있습니다.

당시 문대통령님이 언급하신 내용은 다음과 같습니다.

> "평산마을은 조용하고 아름다운 시골인데 제가 여기로 사저를 정하면서 시위로 인한 소음과 욕설이 마을을 뒤덮어 버렸고 주민들은 정신적으로 엄청난 스트레스를 겪고 있다. 식당이나 카페, 가게를 하는 분들이 피해를 입는 걸 보면서 제가 도움 드릴 방안이 없을까 고민하다가 마을 책방을 생각하게 되었다."

문 대통령님이 언급하셨듯 대통령님이 양산에 거주하신 직후 일부 몰지각한 인사들이 한 달 이상 시위를 벌이며 각종 소음과 욕설이 평화로운 평산마을을 뒤덮었습니다.

밤새 장송곡을 틀지를 않나, 확성기를 들고 혐오와 저주가 가득한 욕설을 쏟아내지를 않나, 정말 상식이 있는 사람으로서는 할 수 없는 일들이 많았습니다.

(문재인 대통령의 사저를 방문해 문 대통령이 직접 가꾸는
채소들과 꽃나무에 대해 설명을 듣는 필자)

이런 야만적인 시위로 당시 문 대통령님 내외는 물론 마을 주민들이 심한 고통을 겪었습니다. 정치에 호불호가 있을 수 있고 지지하는 방향이 다를 수도 있습니다. 하지만 이런 야만적인 시위는 폭력이며 민주주의와 인권을 보장하는 성숙한 국가로 나아가려는 대한민국에 아무런 도움이 되지 않습니다.

그래서 당시 저를 포함해 양산의 많은 시민들이 분노했습니다. 시간이 흘러도 그칠 줄 모르는 시위를 보면서 이제는 분노만 하고 있을 수는 없다고 생각하고 대응을 하기 시작했습니다.

이는 정파적인 문제가 아니었습니다. 인권의 문제이자 민주주의의 건강성에 관한 문제였습니다. 이렇게 일상에서 민주주의를 훼손하는 소란한 행동과 야만을 목격하면서 그저 이런 문제들을 회피하고 넘어가서는 안된다고 생각했습니다.

특히 문재인 대통령님이 저의 지역구인 양산갑 지역에 거주하는 주민이신데 지역위원회 위원장으로서 저는 더욱 더 참을 수가 없었습니다.

당시 많은 사람들이 저희와 생각을 같이했고 분개하고 행동했습니다. 그러다 보니 항의 시위와 반대 시위가 맞붙기도 했고 더 소란이 커지는 듯한 분위기도 있었습니다.

하지만 이러한 야만적이고 폭력적인 집회가 스스로 정리되기를 기다릴 수 없는 상황이 계속됐습니다. 우리 사회의 통합과 발전을 가로막는 전체주의적이고 분열주의적인 시각과 행동에

(사저를 찾은 필자 일행을 반갑게 맞이해 주신 문재인 대통령님과 함께)

양산 시민과 대한민국의 국민이 반대한다는 목소리를 분명히 낼 필요가 있었습니다. 그래서 우리는 이에 반대하고 우리가 아는 민주주의, 인권과 평화가 사랑받는 그런 성숙한 대한민국을 지지하고 지키기 위해 나서야 한다고 생각했습니다.

다행히 많은 분들이 뜻과 행동을 같이해주시고 지지해주셔서 소란은 정리되고 평화가 다시 찾아왔습니다. 이제는 그동안의 소란이 모두 잠잠해지고 평산마을은 전직 대통령님을 모시고 평화로운 상태로 돌아갔습니다.

양산에서 자리를 잡으신 문재인 대통령님의 평화로운 일상

(평산책방을 찾은 필자 일행을 반갑게 맞이해 주신 문재인 대통령님과 함께)

생활은 양산과 대한민국의 건강성과 통합의 분위기를 높이고 있습니다.

   문 대통령님의 평화로운 일상이 계속되고, 우리 양산의 매력이 더욱 높아지고, 대한민국 민주주의가 더욱 성숙되어 세계인의 존경을 받는 나라가 되기를 간절히 바랍니다.

제2부

내가 만난 이재영

양산이 키운 인재
항상 예의 바르고 책임감이 강했던 나의 제자 이재영

박 상 규
전 성도고등학교 교장, 부산사립중등퇴임교장회 회장

저는 평생을 교육 현장에서 살아온 사람입니다. 그러다 보니 시대에 따라 변화하는 환경과 그 속에서 고군분투하는 선생님들과 학생들 그리고 학부모들의 노력과 애환, 즐거움 그리고 회고를 많이 접합니다.

이러한 과정에서 백년대계라는 교육의 중요성은 결국 사람이 중요하다는 근본적인 철학에 기초하고 있다는 것을 확신하고 있습니다.

최근엔 4차 산업혁명이 가속화하면서 교육도 크게 변화하고 있습니다. 간단히 말하면 소프트웨어와 하드웨어가 급격하게 융합하면서 에듀 테크라고 할 수 있는 기술 혁신이 교육 현장에서도 구현되고 있습니다.

생성형 인공지능 Chat GPT가 이제 교육 현장에 출현하고 있고, 인간의 창의력에 대한 관심과 위협 또한 점점 더 높아지고 있습니다.

기계가 축적된 데이터를 가지고 수많은 연산을 즉각적으로 수행하면서 인간의 창의력을 대신하거나 능가하는 분야가 점점 많아지고 있습니다.

한편으로는 교육의 위기이고 다른 한편으로는 교육의 또다른 질적 변환과 도약을 위한 계기이기도 합니다. 이제는 인공지능(AI) 기반의 역량검사 프로그램을 통해 교육 이력보다는 직무 능력으로 사람을 평가하고 채용하는 그런 기업들도 늘어나고 있습니다.

평생을 교육 현장에서 지낸 저의 입장에서는 이러한 변화의 파고를 지켜보면서 걱정이 많습니다. 교육 정책에 큰 영향을 미치는 입법을 담당하는 정치인들과 우리 사회 전문가들이 이런 혁명적 기술 변화에 미리 대비하고 제도적 변화를 선도해야 한다고 생각하는데 이런 데 관심을 가진 정치인들을 찾아보기가 어려운 것이 현실입니다.

제가 이런 고민을 하고 있던 와중에 저의 눈에 이재영 위원장이 들어왔습니다. 이재영 위원장은 우리 성도고등학교를 졸업한 제자이기도 해 기억 속에 자리하고 있던 제자 중 하나였지만 지난번 총선 때 데이터 산업의 중요성을 강조하는 발언을 해 저의 주목을 크게 끌었습니다.

당시 이재영 위원장은 양산의 부산대 유휴 부지 발전책 중의 하나로 데이터 센터 구축 등을 제시했습니다.

솔직히 당시 첨단 데이터 센터, 특히 이재영 위원장이 말한 국가데이터센터 유치의 의미와 중요성을 제대로 이해한 사람은 없었을 것이라 생각합니다. 이재영 위원장은 국가 데이터 센터를 유치하고 이를 위한 첨단 인프라를 구축하고 민간 데이터 센터를 구축하면서 동시에 데이터 처리를 위한 연구소와 교육 시스템도 구축하면 관련 산업과 시너지가 크게 생길 것이라고 말한 바 있습니다.

디지털 대전환 시대에 빅데이터와 인공지능(AI), 사물인터넷(IoT) 등 디지털 첨단기술의 원천인 데이터를 양산에 집적할 수 있는 기회를 잡자는 것이었죠.

물론 저는 IT나 컴퓨터 전문가는 아니지만 교육 현장에서 평생을 있으면서 기술의 혁신적 변화와 발전이 산업 전반은 물론 일상에도 깊이 파고들어 과거와 전혀 다른 세상을 열 수 있다는 것을 너무나도 잘 알고 있습니다.

그런데 이런 저의 걱정을 정책으로 그리고 산업으로 연결하면서 지역 발전과 고향 발전으로 이끌어내려는 노력을 이재영 위원장이 당시에 제시한 것입니다.

더군다나 이 위원장의 데이터 센터 및 이에 기반한 데이터 산업 집적 단지 조성 등 지역 전략산업 육성, 의료 및 바이오 융합 센터와 융합 의료 데이터 센터 구축을 통한 라이프 로그 프로젝트 실현, 청년을 위한 디지털 벤처 프로젝트 실시와 이를 통한 경제 구조 재편, 세계적 경쟁력이 있는 강한 첨단 지방 도시 양산 만들기 등은 너무나도 매력적이고 중요한 화두였습니다.

하지만 아마도 이를 제대로 이해한 사람은 별로 없었을 것입니다. 최근에야 챗GPT가 불러온 생성형 AI 열풍으로 디지털 혁신 경쟁이 지방마다 더 치열해지고 각 지자체에서 데이터센터 유치 경쟁과 열풍이 불고 있지만 당시에는 이런 것들은 생각도 못하던 일이었기 때문입니다.

그러니 지금 이런 현실을 보면서 몇 년 전 이재영 위원장이 "정말 중요하고 기회가 왔는데 이를 놓치면 시간이 우리의 편이 아니다. 다른 지방이나 국가들도 그냥 있지는 않을 것이다. 남들이 머뭇거릴 때 우리가 앞서 가야 한다"고 했던 그의 혜안은 정말 너무나도 훌륭한 것이었고 이를 놓친 것은 너무나도 안타까운 일이라고 생각합니다.

교육은 결국 훌륭한 인재를 키워내는 것입니다. 그리고 이렇게 훌륭하게 자란 인재가 좋은 아이디어와 사업을 가지고 사회와 국가에 보답하면서 자신의 이상을 실현하면 사회가 선순환되고 지속 가능한 발전을 이룩하는 것입니다.

그런 점에서 교육의 본질을 이해하고 설명할 수 있고 이를 실천할 수 있는 우리 이재영 위원장과 같은 인물을 양성했다는 것은 교육자로서 큰 기쁨입니다.

이재영 위원장은 교육과 경제 전문가입니다. 그는 한없이 뜨거운 낙천주의자이며 정이 많고 소탈하고 가식이 없는 순박한 사람입니다.

때로는 섬세하고 자상함이 상대를 놀라게 할 정도이며 교육에 대한 사랑과 관심이 크고 교육이 얼마나 중요한지를 너무나도 잘 알고 이를 실천하는 사람입니다.

이재영 위원장은 고등학교 동문들 사이에는 믿음과 의리의 사나이로 소문이 나 있습니다. 예의가 바르고 어느 누구의 마음도 다치지 않도록 배려하다 보니 따뜻한 인간미를 가진 동문이라고 소문이 자자합니다.

그가 지금 고향 양산에서 국회의원이 되어서 고향과 지역 사회 그리고 더 크게는 국가의 발전을 위하여 최선을 다하겠다며 매일같이 노력하고 의지를 불태우고 있습니다.

이재영 위원장은 지역주민들을 위하여 정말로 온 마음을 다하는 모습을 보여주는 보기 드문 사람입니다.

주위의 어려운 사람들에게 베풀고 또 베푼다는 마음이 널리 전해져 있고 항상 따뜻한 말 한마디 한마디가 상대의 입장을 배려하고 그러면서도 공정성을 잃지 않으려 노력하면서 몸을 낮추며 이야기를 하니 상대도 어느새 닫힌 마음을 열고 친밀한 사이가 되는 그런 사람입니다.

그와 한번 마음을 열고 친구가 되면 정말 오랫동안 돈독한 인간 관계가 이어지고 의리를 지키며 책임감 있게 자신이 맡은 일을 완수해 내는 그런 사람으로 동문 사회에서 칭찬이 자자합니다.

그는 자신의 맡은 일에 대한 책임감도 강하며 나보다 남, 공동체를 위하는 마음이 앞서는 모범적인 인재입니다.

저뿐 아니라 학창시절 그를 지도한 선생님들이 본 이재영 위원장은 대부분 비슷합니다.

부지런하고 진실된 사람이며 믿음이 가는 사람이고 항상 긍정적인 생각을 가진 사람이며 국가를 위해서 일을 해야 하는 사람이라고 은사들은 이야기하고 있습니다,

양산은 우리가 지키고 가꾸어야 할 삶의 터전입니다. 양산에 몸과 마음을 기대고 살아가는 사람들에게 양산은 어머니와 같은 존재입니다.

이런 양산을 지키고 발전시키려면 양산 출신의 뛰어난 인재들이 많이 나와야 합니다.

이재영 위원장의 영원한 고향 양산이 이제 이재영 위원장을 품고 기회를 줄 때라고 생각합니다.

글로벌 감각을 갖춘 경남 출신의 국가대표급 인재 이재영

이 수 훈
전 경남대 교수, 전 주일 대사

내가 이재영 위원장을 처음 만난 것이 참여정부가 출범한 2003년 즈음으로 기억한다. 나는 당시 노무현 대통령 직속 정책기획위원회 외교안보분과 간사를 맡고 있었다. 학계의 외교안보 전문가들을 두루 만나고 소통하면서 노무현정부의 외교안보정책을 설명하고 또한 그들의 의견을 듣는 일이 나의 중요한 소임이었다.

이재영 위원장은 당시 소장 학자로서 러시아에 대한 전문성과 더불어 우리 국가의 운명을 바꾸어보겠다는 개혁의지로 충만한 사람이었다. 그를 자주 만나 의견을 구하면서 우리의 인연이 시작되었다.

이런 우리의 관계를 깊게 발전시키게 된 것은 2005년 여름부터 내가 대통령자문 동북아시대위원회 위원장을 맡게 되면서였다. 노무현정부의 3대 국정목표 가운데 하나가 '평화와 번영의 동북아시대'였다. 동북아시대위원회는 이같은 국정목표를 실현하기 위한 대외전략을 수립하는 역할을 했다. 특히 러시아와 중국과 같은 국가들과의 관계를 돈독하게 발전시키는 과제가 중요했다.

이재영 위원장은 러시아 유학파로서 러시아, 중앙아시아, 몽골 등의 나라에 친구 및 지인들의 돈독한 네트워크를 갖고 있었다. 푸틴대통령의 측근들과 '한러 전략대화'를 2005년 가을부터 개최했는데 이 위원장의 네트워크가 큰 자원이 되었다.

2007년부터 나는 다시 삼청동 경남대 극동문제연구소로 돌아가 연구활동을 하고, 이 위원장은 KIEP, 즉 대외경제정책연구원에 재직하면서 연구를 이어갔다. 이 시기에도 우리는 자주 만나 공통의 관심사에 대해 대화를 나누고 교류를 활발하게 가져갔다. 우리의 공통적 관심사, 즉 어떻게 한반도에 평화를 정착시키며, 동북아지역의 협력을 높이는가라는 문제의식이 우리로 하여금 끈끈한 유대를 만들도록 자극해주었다.

이런 와중에 2017년 봄 문재인 정부가 출범하게 되었다. 대선 중에 나는 문재인 후보를 도 왔 다 이때 '신북방정책'을 개발하는 데 전문가들을 찾아 자문을 듣고 토론을 하면서 큰 도움을 받았다. 이 위원장도 그중의 한 명이었다.
이 위원장은 이후 국책연구원의 전문가로서 문재인 정부의 '신북방정책'을 가다듬는 작업에 깊이 관여하였다.

이 위원장은 학자로서의 전문성뿐만 아니라 친화력이 높고 일에 대한 열정이 남다르게 높은 사람이다. 여기다 추진력을 갖춘 리더십도 인정을 받은 인물이다. 이러한 그의 능력은 그가 대외경제정책연구원의 원장이 되면서 더욱 발휘됐다.

나는 문재인정부 초대 주일 대사가 되어 이미 일본에 나가 있을 때였다. 이때도 한일관계 발전을 위해 일본의 전문가들과 한국 전문가들이 마주 앉아 대화하는 소통의 자리를 만들곤 했는데 이 위원장의 리더십을 확인할 수 있었다.

2019년 여름 일본에서 대사직을 마치고 서울로 돌아왔다. 당시 이 위원장은 KIEP원장으로서 동분서주할 때였다. 한반도 평화경제에 대한 큰 국제학술대회를 조직하면서 수많은 국제적 인사들을 프로그램에 초대하는 것을 보고 이 위원장의 국제적 네크워크를 다시 한번 확인할 수 있었다.

당시 이 위원장이 추진해 성공시킨 DMZ 평화경제 국제포럼은 열정만이 아니라 추진력과 국내외 두터운 인적 네트워크가 없다면 성사가 불가능한 행사였다.

그해 여름 일본이 반도체 3품목에 대한 수출제한 조치를 단행해버렸다. 과거사 문제로 화가난 아베 신조 총리가 우리 경제의 대표 품목인 반도체산업을 망치겠다는 경제보복 조치였다.

우리에게 닥친 중대한 위기였다.

이때 이 위원장은 KIEP를 총동원하여 결연하게 논리적으로, 학자적으로 대응하였다. 이런 노력 덕분에 우리는 일본 정부의 경제보복 조치라는 미증유의 위기를 극복할 수 있었다.

나는 경남 창원 사람이다. 당연히 경남의 발전을 간절히 바라는 사람이다. 지역이 발전하려면 인재가 필요하다. 특히 오늘날과 같은 글로벌 시대, 국제정치경제의 환경이 급변하는 상황에서는 글로벌 감각을 가지면서도 고향에 대한 애정이 있는 인재가 없이는 발전을 꿈꿀 수 없다.

이재영 위원장은 이미 이러한 능력에 대해 검증이 끝난 사람이다. 그가 전문가로서 활동하던 시절 해외 세미나 등에 몇 번 같이 참석한 적이 있는데 각국의 언론들은 그의 코멘트와 식견을 듣기 위해 호텔이나 행사장에서 시간을 내달라며 매달리곤 했다.

그런 모습을 볼 때마다 이런 인재가 우리나라에 있다는 것이, 그리고 그런 인재가 경남 출신이라는 게 여간 든든하고 흐뭇하지 않을 수 없었다.

경남에서 이재영 위원장 같은 국제경제 전문가, 게다가 국제적 인맥을 갖춘 인재, 친화력과 리더십을 두루 갖춘 인물이 잘 떠오르지 않는다.

그래서 더욱 젊은 양산에, 도약하려는 양산에 최적의 인물이라고 확신한다. 양산의 미래를 정확히 꿰뚫고 있는 이재영 박사야 말로 양산이 배출한 큰 인물이 될 것이다.

그가 정치권에 진출하여 양산의 발전은 말할 것 없고, 더 나아가 경남의 발전을 이끌 수 있고 궁극적으로는 한국의 도약을 이룰 수 있는 사람이라고 굳게 믿는다.

사람 내음 가득한 진짜 실력자 '이재영', 그리고 그의 정치인으로서의 꿈

정 필 모
더불어민주당 국회의원, 전 KBS 부사장

(정필모 의원이 원동에 방문해
이재영 위원장과 잔을 부딪히고 있다.)

우리는 흔히 인물을 평가할 때 그가 살아온 궤적을 본다. 그것을 통해 그 사람의 인성이나 능력 등을 가늠할 수 있기 때문이다. 그렇다면 이재영 박사는 어떤 분일까?

한마디로 요약하면, 매우 따뜻한 성품을 가진 국제경제전문가다. 그러나 이것만 가지고는 그의 인품과 자질, 경륜을 설명하기에 턱없이 부족하다.

내가 처음 이재영 박사(현 민주당 양산갑 지역위원장)를 만난 것은 3년 전이다. 경남 양산(갑) 협력의원으로 그곳을 방문해 그를 본 것이 우리의 첫 만남이었다.

이재영 위원장의 첫인상은 듬직한 풍채만큼이나 매우 넉넉한 마음의 소유자일 것 같다는 것이었다. 몇 시간의 대화를 통해 그 첫인상이 크게 빗나가지 않았다는 사실을 확인할 수 있었다.

그리고 그가 마음 속 깊이 고향 양산을 크게 품어 안고 있다는 것을 알았다. 수려한 양산의 자연환경과 문화에 대한 그의 설명 한마디 한마디에 태어나고 자란 고향에 대한 애정이 듬뿍 담겨 있었다.

봄기운이 막 피어나기 시작한 2023년 2월 말 이 위원장이 태어나고 자란 원동을 함께 방문했다. 경부선 기찻길 근처에 자리하고 있는 그의 생가에 들렀다. 생가 주변은 각종 꽃나무와 널직한 평상이 어우려져 편안한 느낌을 주고 있었다.

부모님은 이미 고인이 되셨지만, 그가 양산에 내려온 후 그 집에 기거하면서 애정을 갖고 직접 씨뿌리고 키워온 것이라고 했다. 정말로 생가를 잘 관리하고 있음을 느낄 수 있었다. 그만큼 고향 마을에 대한 애착이 크기에 가능한 일이라 여겨진다.

그날 마침 원동 마을의 특산물인 미나리를 널리 알리기 위한 미나리 축제가 열렸다. 이 위원장은 그곳에 모인 지인들에게 일일이 안부를 묻고 진심 어린 인사를 나누었다. 학업과 직장 생활로 인해 30년 이상 고향을 떠나있었던 사람처럼 느껴지지 않았다. 살갑고 정겨운 말투와 행동은 오히려 그냥 평생을 그 마을에서 보내며 거주해온 마을 사람 같았다. 그만큼 그에게서는 진하게 사람 냄새가 느껴진다. 정말 정감있는 사람이다는 말이 지나친 말이 아니다.

이재영 위원장의 고향 사랑은 그의 페이스북에서도 확인할 수 있다. 페이스북에 올라오는 글과 사진을 보면, 그는 늘 양산의 크고 작은 행사에 빠지지 않는다. 그냥 의례적으로 참여하는 것이 아니다. 늘 진정성을 가지고 열과 성의를 다한다.

가장 대표적인 사례가 초등학교 앞 교통안전지킴이 역할이다. 그가 정치인 이전에 시민으로서 고향 양산을 위해 얼마나 책임감과 애정을 갖고 헌신하는지를 잘 알 수 있다.

그의 고향 마을 원동은 내가 아는 그 어느 곳보다 자연환경이 아름답다. 앞에는 낙동강이 유유히 흐르고, 뒤에는 천태산과 토곡산 자락이 병풍처럼 솟아 있다. 아마도 그의 넉넉한 마음은 낙동강과 함께, 그리고 높은 기상은 그런 산들과 더불어 자라났을 것이리라. 이는 지금의 국제경제학자이자 정치인 이재영을 키워낸 자양분이 되었을 것이다.

실제로 이재영 위원장은 오랫동안 멀리 내다보고 큰 꿈을 키워왔다. 그리고 끝내 그 결실을 거두었다. 그는 1995년 모스크바국립대학교에서 경제학 박사학위를 받았다. 이때만 해도 우리나라에 러시아에서 박사학위를 취득한 사람이 손꼽을 정도였다. 이미 그 몇 해 전에 러시아과학원 극동연구소 교환연구원으로 있으면서 전문가로서의 꿈을 키웠다. 그만큼 그는 선견지명이 있었다.

학업을 마친 후 그는 전문가로서 역량을 펼치기 위해 국책 연구기관인 대외경제정책연구원에 입사한다. 그리고 대외경제정책연구원의 연구조정실장과 유럽팀장, 러시아CIS팀장을 거쳐 원장의 자리에 올랐다. 그리고 이러한 자리를 거치면서 그는 실력있는 국제경제학자, 러시아 등 북방경제에 특히 정통한 전문가로서 능력과 식견을 인정받았다.

그의 전문가로서의 역량과 우리 사회의 미래에 대한 애정, 그리고 탁월한 정책 개발 능력은 당연히 여러 사람의 눈에 띄었다. 이런 그를 더불어민주당은 20대 총선을 앞두고 전문인재로 영입했다. 그가 더불어민주당의 양산갑 지역 위원장이 된 연유다.

우리는 지금 세계사적 대전환기를 맞고 있다. 기후위기와 코로나19 팬데믹, 미·중 갈등과 러시아·우크라이나 전쟁으로 인한 신냉전이 국제경제질서에도 많은 변화를 불러일으키고 있다.

그 중에서 세계화시대 국제분업구조의 변화는 주목하지 않을 수 없다. 특히 글로벌 가치사슬(Value Chain)과 공급망(Supply Chain)의 재편은 우리 안보에까지 영향을 미치고 있다.

이제 안보의 개념은 외교, 국방을 넘어 경제·통상의 문제로 확장되지 않으면 안 된다. 대한민국에 이 분야의 전문가가 어느 때보다 필요한 이유도 여기에 있다.

이재영 위원장은 바로 이 분야에서 어디에 내놓아도 손색없는 전문가 중의 전문가이다. 그는 그동안 많은 논문과 저서를 통해 국제통상과 경제안보 등 국제정치경제 분야에 탁월한 식견을 보여주었다.

국제경제전문가 이재영은 이제 정치인으로서 그 경륜을 펼칠 기회를 기다리고 있다. 그는 양산과 경상남도, 대한민국의 미래를 위해 정말 잘 준비된 정치인이다. 사람 내음 가득한 진짜 실력자 이재영이 정치인으로서의 꿈을 펼칠 수 있기를 간절히 바란다.

인간미 넘치는 양산 시골 출신의 세계적 경제전문가

조 문 관
세진큐앤택 회장, 전 경상남도 도의원

이재영 위원장은 양산의 아들입니다. 양산 시골 농부의 아들이지요.

저는 이재영 위원장 부친을 잘 알고 있습니다.

이제는 돌아가신 지 10년쯤 되셨는데 호탕한 성품에 사람 사귀기를 좋아하셨던 분으로 기억합니다.

제가 경남도의원 시절 원동 어르신들 말씀을 들어보면 그 어른 술대접 안 받아본 분들이 없으시다고 합니다.

저도 물금 장날에서 한번 뵈었는데 "도의원 수고 많이 하구나"하시면서 추어탕을 사 주셔서 맛있게 먹은 기억이 지금도 또렷합니다. 참으로 정이 많으시고 고향에 대한 자부심이 대단했던 분이기도 합니다.

이런 인연 때문인지 이재영 위원장을 만나 대화를 해보면 이재영 위원장 부친의 모습이 많이 겹쳐집니다, 호탕함은 부친과 같고 큰 몸집에 도심지에서 공부하고 살았는데도 마음은 시골 농부의 인간미 넘치는 모습 그대로입니다.

이재영 위원장 집은 1만 평 정도의 논과 밭을 소유한 부농이었습니다. 아마 이재영 위원장도 어릴 적부터 농사일을 많이 해봤을 겁니다.

그래서 그런지 매사에 부지런하고 일도 잘합니다. 봉사단체에서 김장하는 수준은 시골 아주머니보다 잘하고, 가마솥에 닭 삶고 그 뒤에 설거지하는 모습은 시골 농부나 다름없습니다.

참으로 경제학 박사에 국가의 중요한 정책을 자문하고 한국을 대표해 국제회의장에서 논쟁하고 화두를 제시하는 그런 모습을 상상할 수 없을 정도로 정감있고 친근한 우리 양산의 시골 후배 같은 그런 인간적인 모습이 물씬 풍깁니다.

이재영 위원장의 진가는 이런 소탈한 모습에서만 나오는 것이 아닙니다. 그는 듬직하고, 의리있고, 이미 실력이 검증된 국제적인 인재입니다.

이재영 위원장은 한국의 대외경제전략을 정부에 자문하는 국책 연구기관인 대외경제정책연구원 원장을 역임한 양산의 자랑스런 아들이기도 합니다.

양산 출신이 국가 싱크탱크 중에서도 한국의 대외경제전략을 전담하는 싱크탱크의 수장이 된 것은 그가 최초입니다.

그는 특히 북방경제(구 공산권 국가들)에 관한 국내 최고의 권위자로서 모스크바국립대학교 대학원에서 경제학 박사학위를 취득하고 미국 하버드대학교와 미시간대학교, 그리고 영국 옥스퍼드대학교에서 연구를 수행한 전문가입니다.

그는 남-북-러 3각협력, 유라시아경제연합의 투자환경과 한국의 진출전략 등 많은 저서를 통해 한국과 북방권 국가들과의 협력의 중요성을 강조해온 인물입니다.

지금은 러시아와 우크라이나 전쟁으로 러시아와 경제협력이 전에 비해 움츠러들었지만 멀지 않은 장래에 우리나라와 러시아, 그리고 북방 국가들과의 관계도 다시 활기를 띠게 될 것입니다.

지리적으로 국경을 맞대고 있고 역사, 문화적으로 수천년 동안 교류를 이어온 이웃국가들과의 관계는 일시적인 부침을 겪지만 큰 역사의 흐름으로 볼 때 결국 다시 교류가 형성되고 발전하는 것이 역사의 순리이기 때문입니다.

특히 에너지 자원이 부족하고 국내 시장의 규모가 협소한 우리나라의 현실을 감안하면 개방형 통상국가로서 한국의 미래는 전 세계에 열려있고 전 세계에 국익을 기반으로 교류하면서 공동체의 규모를 점점 키워나가는 방식이 적합하다는 것이 많은 사람들의 지적입니다.

내가 이재영 위원장을 만난 이후 여러 자리에서 겪어본 인상은 이재영 위원장은 경제전문가이면서도 가슴이 뜨거운 도전의식을 갖춘 경제 세일즈맨이자 고향 세일즈맨이고 미래를 예측하고 전략을 수립해 실천할 줄 아는 통합형 지도자라는 것이다.

이처럼 소탈하면서도 전문적인 능력을 갖춘 이재영 위원장은 약속을 지키는 사람이자 우리 양산과 경남 그리고 대한민국을 위해 열심히 일할 듬직하고, 의리있고, 실력있는 인재입니다.

이재영 위원장이 약속을 지키는 언행일치의 모습은 그가 지난 선거에서 선택을 받지 못한 후 고향에 머물면서 보여준 지금까지의 행보로도 알 수 있습니다.

그는 선거철만 되면 고향을 잠시 왔다 선거철이 지나면 떠나가는 과거의 철새 정치인과 확연히 다른 인물입니다.

과거 양산지역에 출마했던 많은 총선 출마자들은 선거 시즌이 되면 "당락을 떠나 양산에서 살고 뼈를 묻겠다"고 유권자들에게 침을 튀겨가며 자신을 지지해달라 호소했습니다. 아마 여러분도 이런 모습들을 너무나도 많이 보았을 겁니다.

그러나 그 약속을 지키는 사람을 저는 아직까지 한 명도 본 적이 없습니다.

하지만 이재영 위원장은 달랐습니다. 이재영 위원장은 지난 총선에서 낙선한 뒤 양산에서 지내겠다는 약속을 3년 이상 실천하고 있습니다.

자신과의 약속, 양산 시민과의 약속을 지키겠다며 양산을 지키면서 헌신적인 노력을 하고 있습니다. 지금까지 과거 어떤 총선 후보들도 지키지 못했던 약속을 지키고 있습니다.

저는 이 부분이 아주 중요하다고 생각합니다. 양산 시민을 우습게 알고 거짓말하고 때가 되면 또 출마하는 자들과는 분명 구분되어야 된다고 생각합니다.

정치인은 무엇보다 자신이 뱉어낸 말의 무게를 지켜야 합니다. 유권자와의 약속에 대한 실천이 중요합니다.

그런 면에서 이재영 위원장은 정치인에게 말의 무게가 무엇을 의미하는지를 정말로 잘 아는 진실한 정치인이라고 생각합니다.

아마 저뿐만이 아니라 지금까지 한번이라도 이재영 위원장을 만나본 사람들은 다들 느꼈을 겁니다. 그가 사람을 진정으로 대하고 거짓말과 위선이 없다는 점을 잘 알고 있을 것입니다. 그는 있는 그대로 그런 모습의 사람입니다.

나는 이재영 후배의 이런 부분을 정말 좋아합니다.

보통 정치인들이 유권자들을 건성으로 대하고 그 순간을 넘기려는 모습을 보이지만 이재영 위원장은 정말 이런 모습과는 너무나도 큰 차이를 보이는 그런 행보를 보여줍니다.

이제 양산도 이런 수준의 정치인을 가질 때가 됐습니다. 세계적인 전문가이자 양산의 아들로서 양산에 대한 애정이 강한 이재영 위원장같은 분이 우리 양산과 경남 그리고 대한민국을 위해 정말 훌륭한 역할을 할 기회가 꼭 와야만 한다고 생각합니다.

우리 양산의 발전이 중요한 기로에 서 있는 지금의 현실에서 방향성을 제시하고 설계하는 전문가로서 국회에 꼭 진출해 국가의 큰 인물로서 기여하기를 간절히 바랍니다.

뚝심과 소박함, 열정이 돋보이는 진정한 양산의 인재 이재영

박 광 수
신기냉동식품 대표, 좋은 양산포럼 이사장

내가 만난 이재영이란 사람은!

제가 양산에 정착한 지가 어언 35년이 됩니다. 그동안 강산이 참 많이 바뀌었습니다. 조용하던 시골에서 이제 양산은 경남에서 가장 역동적으로 성장하는 큰 도시가 됐습니다.

35년 전에는 상상도 할 수 없었던 모습이지요. 지금 제 기억 속에는 현실에서는 흔적을 찾기 어렵고 오로지 추억이라는 제 기억의 방 속에만 남아있는 양산의 마을 모습들, 자태들이 있습니다.

이런 생각들을 떠올리면 문득 저도 나이가 들었고 세월의 흐름이 빠르다는 생각이 듭니다.

저는 이곳 양산에서 청춘과 장년의 세월을 보내며 35년의 세월 동안 땀 흘리고 꿈을 꾸었습니다. 지금도 태평양보다 넓고 원대한 꿈을 꿉니다.

저는 양산을 사랑합니다. 저의 진정한 고향이기 때문입니다. 제가 지금 살고 있는 우리 마을 어귀는 물론이고 그동안 살았던 양산 동네 마당에 있던 풀 한 포기, 나무 한 그루, 그들의 변화의 모습도 생생히 기억합니다. 당연히 앞으로의 우리 양산이 더욱 발전되고 살기 좋은 고향이 되기를 간절히 바랍니다.

그런데 살기 좋은 고향이 되기 위해서는 사람들이 행복해야 합니다. 좋은 사람들이 정착할 수 있고 그들의 재능이 발휘될 수 있는 그런 도시가 되어야 합니다. 그러기 위해서는 양산의 미래를 준비하고 이끌 좋은 지도자, 정치인이 필요합니다.

지난 35년 동안 이곳 양산을 지키며 떠나지 않고 살아가다 보니 선거도 수없이 겪었습니다. 선거철이면 어김없이 양산이 고향이라는 사람들이 나타납니다. 그것도 아주 많이 나타납니다. 그런 사람들을 살다 보니 많이 만났습니다.

사람이 사람을 만난다는 것, 그것은 운명인가 봅니다. 이재영 위원장과의 만남도 이런 선거철에 운명처럼 만났습니다.

그는 2020년 21대 국회의원 선거를 앞두고 양산으로 왔습니다. 민주당에서 서울에서 성공하고, 실력있고, 신망있는 사람 중에 양산이 고향인 사람을 골라 새로운 바람을 일으키려 전략공천을 한 모양이었습니다.

대충 들어보니 양산에서 태어나 부산으로 유학하여 서울에서 학교를 졸업한 후 미국, 러시아에서 공부하여 문재인 정부에서 대외경제정책연구원 원장을 했다고 했습니다.

하지만 저는 이재영 위원장을 만나기 전까지 정말로 우리 양산에 그런 사람이 있는지를 몰랐습니다. 지금까지 양산에 살면서 이런저런 선거를 겪어봤고 많은 사람들을 만났지만 단 한 번도 본 적이 없는 사람이었습니다. 이름도 처음 들어본 사람이었습니다.

그래서 너무도 생소하고, 서울의 부귀영화를 다 버리고 고향을 찾아온 용기를 부린 이재영 위원장에 대해 더 궁금증을 갖게 되었습니다.

한편으로는 좀 안타깝기도 했습니다. 보수색이 강한 이곳 양산갑에서 전략공천으로 민주당 후보로 나선 용기는 가상했지만 양산을 너무 모르는 것 같았습니다.

만나보니 사람은 훌륭했습니다. 지금까지 양산에서 만났던 그 어떤 정치인들보다 사람 됨됨이가 컸고, 생각도 바르고, 부지런했습니다. 그러면서도 몸을 낮추는 겸손함도 있었습니다.

하지만 그는 아쉽게 21대 양산갑 국회의원 선거에서 낙선하고 말았습니다. 인물로 보나 비전으로 보나 참으로 오랜만에 양산에 인물이 나왔는데, 애석하고 안타까운 결과가 나온 것입니다.

선거 결과가 나온 후 저는 이렇게 괜찮은 인물이 정치를 관두고 다시 서울로 가버리면 우리 양산은 앞으로 어떻게 되나 하는 걱정이 앞섰습니다.

어떻게 하면 모처럼 양산을 발전시킬 좋은 인재를 고향에 정착시키고 그가 이번 결과에 실망하지 않고 주변에서 힘을 얻고, 다시 기운을 차려서 길을 열어 갈 수가 있을까 하고 고민했습니다.

그런데 이런 저의 고민은 쓸데없는 것이었습니다. 그는 진득한 사람이었습니다. 뜻을 한번 세웠으면 끝까지 그 뜻을 관철시키기 위해 노력하는 그런 사람이었습니다.

그는 선거철만 지나면 사라지는 그런 흔한 뜨내기가 아니었습니다. 그는 낙선 후 고향을 떠나지 않았습니다. 정말 근래에 양산을 찾았던 뜨내기 정치인들에게서는 보기 드문 모습이었습니다.

이재영 위원장은 낙선 후 지금까지 양산의 각종 행사와 봉사 활동을 통해 자신의 진심을 알리려 노력하고 있습니다. 그것도 사람들이 모이는 곳만을 찾는 것이 아니라 일반 정치인들이 관심을 많이 가지지 않는 그런 곳들을 소리소문없이 꾸준히 찾으면서 자신의 진심을 알리고 있습니다.

이재영 위원장이 시민과 함께하는, 직접뛰는 봉사가 꾸준히 이어지자 민심도 그의 진정성을 믿어주는 것을 피부로 느낄 수가 있었습니다.

그냥 들리는 소문이 아니라 현장의 목소리가 민심을 대변하고 있습니다. 정치인 이재영 잘한다는 그런 목소리가 아니라 이웃 아저씨 지역 일꾼, 자원 봉사자 이재영이 좋은 사람이라는 목소리들이 들립니다.

"우리 아이 학교 앞 어린이 안전지킴이 맞네!",
"학교 앞 건널목 횡단 보도의 노란 손목 깃대 아저씨가 저 사람 맞네!" 하는 반가운 외침이 여기저기에서 들립니다.

이런 모습을 지난 3년여 동안 지켜보면서 이재영이란 사람은 누구보다 사명감과 책임감이 강하고 뚝심이 있고 슬기로운 사람이라는 것을 알게 됐습니다.

그는 빨리 가려면 혼자가 낫고, 멀리 가려면 같이 가야 한다는 말을 자주 합니다. 그는 어떤 일이든 시간이 조금 걸리더라도 정도에서 벗어나지 않고 바르게 풀어내는 그러한 매력적인 능력을 가지고 있습니다.

그러면서도 미래 지향적이고 인재를 키우려 합니다. 그러다 보니 사람들이 그에게 관심을 갖고 그가 하는 일들에 애정을 갖고 그 주변에 사람들이 모여드는 그러한 '매력의 정치'를 실천하고 있습니다.

저도 이런 모습을 지켜보면서 마음을 다시 정리하고 이재영 위원장을 다시 한번 도와서 양산의 발전을 기대하기로 했습니다. 그래서 이재영이란 사람을 한번 믿어보고 간접적으로 돕기로 마음을 먹게 되었습니다.

그의 매력과 정의로움은 지난 2022년 지방선거에서도 나타났습니다. 많은 사람들이 지방 선거를 치르면서 그가 지역 정치의 리더로서 잡음없이 일을 처리하고 선거를 성공적으로 치러 양산갑에 희망을 가져오고 있음을 알 수 있었습니다.

이재영 위원장은 누구에게나 열려있는 자세를 보이고 비전과 열정을 가지고 양산을 발전시키려는 능력있는 정치인입니다. 그는 이미 대한민국의 중요한 일들에 깊이 있는 식견을 가지고 수많은 자문을 한 우리 사회의 엘리트이기도 합니다.

그가 이곳 양산갑에서 웅비를 준비하고 있습니다.
초심을 잃지 않는 올곧은 정신으로 큰 정치를 지향한다는 것은 각오만으로는 이루어지지 않습니다.

큰 정치로 나서는 길은 분명 어렵고 험하지만 시민과 손을 맞잡고 묵묵히 걸어가면 험지가 어느새 양지가 될 수 있습니다.

그리고 이제 양산갑은 이재영에게 이런 양지가 될 것입니다.

이재영 위원장이 양산과 대한민국을 사랑하고 발전시킬 수 있는 국회의원, 경남을 대표하는 정치인이 되어 자신의 철학을 자신감 있게 펼쳐 보이기를 기대합니다.

경제전문가를 넘어서는 실천하는 리더, 이재영

이 순 철
부산외대 교수, 주한인디아센터 원장

내가 아는 이재영 위원장은 글로벌 경제 전문가이자 큰 조직을 훌륭히 통괄하며, 방향을 제시하고, 후배들을 이끌던 용기 있는 리더다.

나는 이재영 위원장과 전문가로서 처음 만났다. 2003년 한국철도기술연구원에서 정책연구를 할 때였던 것으로 기억한다. 그리고 그후 대외경제정책연구원에서 다시 그를 만났다.

이재영 위원장과 함께한 시기는 세계 경제가 역대 어느 시기보다 어려웠다. 그 어려운 시기에 글로벌 이슈를 파악하고 분석하여 새로운 방향을 제시하는 데 있어 이 위원장은 탁월한 능력을 발휘했다.

단순히 현안을 분석하는 데 멈추는 것이 아니라 정책 대안을 만들어 이를 강하게 밀어붙이는 모습을 여러 번 목격했다. 그때마다 역시 실력있는 '글로벌 경제전문가다'라는 감탄과 함께 '전문가를 넘어서는 훌륭한 리더다'라는 생각도 들었다.

앞서 언급했듯이 이재영 위원장을 처음으로 만난 것은 2004년이다. 당시 나는 한국철도기술연구원에서 정책연구를 진행하고 있었다. 이때 만난 이재영위원장은 이미 러시아를 통과하는 시베리아횡단철도(TSR), 몽골횡단철도(TMGR), 중국횡단철도(TCR)에 대한 구체적인 계획을 갖고 한국의 대륙 진출에 대한 비전을 구축하고 있었다.

우리나라는 무역이 매우 중요한 나라다. 하지만 이때까지만 해도 국제경제 정책의 골간은 수출중심, 즉 상품 중심이었다. 그런데 이 위원장은 상품 중심의 대외 경제 정책도 중요하지만 이와 함께 한국이 직면한 지정학적, 구조적 틀의 한계도 깨뜨리는 변화도 추진해야 한다는 혜안을 가지고 있었다.

그러기 위해서는 남북 분단으로 인해 대륙으로의 직접 연결이 막힌 한국의 현실을 타파해야 한다는 강한 확신을 가지고 있었다. 그렇게 해야만 우리의 의도와 달리 사실상 섬이 된 반도 국가의 장점이 살아나고 이것이 우리의 경쟁력이 될 수 있을 것이라는 데 대한 강한 확신이 있었다.

우리나라를 북한을 지나 대륙을 통과하여 유럽까지 진출할 수 있는 교량국가로서의 장점을 가진 나라로 변화시킬 수 있다는 비전을 갖고 다른 사람들에게 이런 비전을 제시하고 있었다.

대외경제정책연구원에서 다시 만난 이 위원장은 러시아 유럽 정책연구실에서 다시 한번 해외 진출 전략가로서 활동하고 있었다. 다들 알고 있겠지만 이 위원장은 러시아 개방 초기에 러시아의 모스크바 국립대학에서 경제학 박사를 받았다.

이재영 위원장은 유학시절에도 나를 비롯한 많은 전문가들의 현지 조사를 많이 도와주었다. 그의 탁월한 장점 중 하나인 현지 전문가들과의 네트워크가 그 당시에도 이미 작동하고 있었기 때문이다. 이재영 위원장의 지인들은 모스크바 유수의 대학과 연구원에서 가장 탁월한 활동을 하는 학자들이 대부분이었다.

몇 번의 조사 여행 등을 통해 친분을 쌓게되자 당시 인연을 맺게된 몇 분의 러시아인 전문가들이 이재영 위원장이 학위를 받던 상황을 자세히 알려주었다.

한국인들이 해외에서 공부를 할 때 가장 힘든 부분이 언어다. 그런데 이 위원장은 박사학위 심사 때 현지인들 수준의 노어를 구사하면서 학위심사를 받았으며, 그 심사를 한 러시아 교수님들은 매우 만족하면서 논문 심사를 최고 수준에서 통과시켰다고 한다.

나도 미국에서 학위를 받았지만 박사과정에서 가장 어려운 것이 본인이 쓴 논문을 유창한 영어실력으로 발표하고 대답하는 것으로 기억한다. 가장 어렵다는 논문심사를 이 위원장은 논문 내용의 탁월성과 노어 실력의 유창함으로 모두 놀라게 했다는 후문인 것이다.

이러한 배경으로 이 위원장은 대외경제정책연구원에서 러시아 및 동유럽 지역을 주로 담당하면서 실력있는 연구자로서 한국의 대외경제전략 수립에 기여하고 있었다.

이 위원장은 특히 러시아, 몽골 및 동유럽 국가들에 대한 해외투자 방법, 협력과제, 자원개발, 북동지역 협력 방안과 같은 전략과 비전을 제시하는데, 이러한 전략들은 한국과 러시아는 물론 그 주변국가들과 동반자적 협력을 하는 데 크게 도움을 주었다.

이재영 위원장의 전략 연구는 러시아 및 관련 국가들이 한국에 대한 상호 호혜적 관점에서 협력 할 수 있는 방안들이 제시되었다는 점에서 매우 탁월성이 돋보였다.

상호 호혜적 협력을 끌어들이기 위해 이 위원장은 본인이 수행한 과제들을 노어로 현지에 출판하여 우리나라가 러시아에 협력했을 때 어떤 효과가 나타났는지를 이해시켜 보다 쉽게 우리나라와 협력할 수 있는 길을 열기도 했다.

글로벌 경제전문가와 리더로서의 역할이 최고조에 이르기 시작한 것은 대외경제정책연구원의 수장인 원장이 되면서부터다.

'2020 ICT 산업전망' 컨퍼런스, '글로벌 환경 변화와 한국경제' 컨퍼런스 등 다양한 국내외 컨퍼런스에 참여하여 한국경제는 '개방형 무역국가'로서 대외경제 전략이 매우 중요한 국가이기 때문에 이 분야에 대한 깊이있는 연구와 정책 개발 그리고 정책 집행이 중요함을 수없이 강조해왔다.

일본이 수출규제조치를 단행했을 때는 청와대와 긴밀하게 대응하여 '일본의 패착'에 대해 널리 알리고, 이에 대응할 수 있는 방안을 마련하여, 일본의 기대와는 달리 우리나라가 흔들리지 않고 당당하게 일본에 대응할 수 있고 장기적으로 경쟁력을 향상시키는 전략을 추진하는 데 힘을 보태기도 했다.

국책연구원장으로서의 이 위원장의 능력은 여기에서만 그치지 않았다. 2020년대 들어서면서 나타난 세계 경제의 변화와 불확실성에 대해서도 날카로운 감각과 현실성 있는 대안을 개발해 정부에 건의하는 등 그야말로 맹활약했다.

특히 이 위원장은 그 당시의 브렉시트, 홍콩 사태, 중동 긴장 고조 등의 상황하에서 '정책 불확실성의 지속'에 대한 종합적 대응의 필요성을 강조했다.

그는 외교 안보 및 경제적 정책의 불확실성에 대해서 범정부 차원에서 종합적이고 균형 잡힌 대외정책을 마련하여 오히려 이를 전략적 기회를 삼아야 한다는 점을 지속적으로 강조하는 등 글로벌 경제전문가이자 한국의 대외경제전략에 일조하는 국책 싱크탱크의 수장으로서의 역할을 제대로 수행했다.

이 위원장이 대외경제정책연구원(KIEP) 원장으로 재임하던 시기는 한국 경제가 가장 어려운 상황에 직면하던 그런 시기 중 하나였다.

이 위원장은 이러한 글로벌 경제의 위기 시기에 소극적이고 움츠러드는 방식으로는 안된다며 한국 경제의 지속 가능한 경쟁력 강화를 위해서는 체질의 변화가 필수적임을 강조하고 중소 및 중견기업, 창업기업, 대기업이 함께 하는 소재, 부품, 장비 산업의 혁신을 강조했다. 또한 상생협력 및 제도 개선을 통해 불확실성이 강해지는 환경에서 혁신을 통해 오히려 더욱 강해지는 역량을 갖춰야 한다는 점을 계속 강조해왔다.

나는 이 위원장과 처음 만난 2003년 이래 여러 상황에서 이 위원장과 일을 같이 하고 겪어보면서 그가 학자로서 대단히 꿈이 큰 사람이라는 것을 알게 됐다. 단순히 꿈만 꾸는 것이 아니라 강한 추진력을 가진 사람이라는 것도 몇 번의 프로젝트를 같이 진행하면서 알게 됐다. 그가 대외경제정책연구원장이 된 후 보여준 모습들을 보면서는 그가 실력을 겸비하고, 사람에 대한 애정을 바탕으로 인재를 아끼고 밀어주는 사람이라는 사실도 새삼 깨달았다.

나는 당시 국책연구원을 떠나 부산외대에서 교수를 지내고 있어 먼발치에서 이러한 이 위원장을 응원하고 있었다. 이때만 해도 내가 이 위원장과 다시 만나리라고는 상상도 하지 못하던 상황이었다.

하지만 나와 그의 인연은 다시 이어졌다. 이재영 위원장이 대외경제정책연구원장을 그만두고 양산으로 정치를 하겠다고 내려온 것이다. 왜 하필 양산일까 라는 의문을 갖고 물어보니 그의 고향이 양산이라고 했다.

양산에 이 위원장과 같은 글로벌한 인재가 내려온 것은 큰 복이라고 할 수 있다. 단순히 양산이 아니라 경남에 이런 인물이 고향을 찾아 다시 내려와 봉사하겠다고 한 것은 큰 의미가 있다.

이 위원장은 본인의 능력이 가장 높게 평가받고 더 큰 역할을 서울에서 수행할 수 있는 그런 상황일 때 내려왔다. 본인도 아마 양산행을 결심할 때 이런 상황 때문에 고민을 좀 하지 않았을까 싶다. 물론 이는 나만의 추측이다. 그에게 물어본 적은 없다.

하지만 이 위원장이 현역으로서 한창 잘 나갈 때 고향을 찾아 정치를 하겠다고 결심을 한 것은 큰 의미가 있다고 본다. 흔히 늘그막에 고향을 찾는 사람들을 보면서 비판적으로 '잘 나갈 때는 서울에서 지내고, 퇴직해 할 일이 없으니 고향을 찾는다'는 평가를 하기도 하는데 이 위원장은 그런 공식과는 다른 인물이다.

이 위원장은 양산에 내려온 후 여기에서도 양산을 글로벌 도시로 만들기 위해 다양한 노력을 다하고 있다. 양산은 교통의 허브이며 물류의 허브이다. 그리고 유엔 유네스코 세계문화유산인 통도사가 있다.

이러한 환경에도 불구하고 상대적으로 뒤처진 양산이 발전을 이룩하기 위해서는 세계와 소통하는 강한 지방 도시가 되어야 한다는 것이 그의 소신이다.

그는 양산을 이전과는 완전히 다른 글로벌 도시로 변화시키겠다는 비전을 가지고 있다.

양산의 수많은 중소기업들을 글로벌 기업으로 육성하고, 통도사를 유엔 유네스코 세계문화유산답게 글로벌 관광의 요지로 부상시키며, 양산의 글로벌 역량을 끌어올려 세계의 젊은이들과 인재들이 올 수 있는 혁신형 사업들을 만들고, 양산 시민들도 글로벌 수준의 삶을 영유할 수 있도록 열정을 가지고 정책을 펼치고자 한다.

이를 위해서는 다각적인 정책 및 제도 도입이 필요하다는 점을 계속 강조하고 있다. 이 위원장은 가끔씩 나와 만나 양산이 이러한 글로벌 강소 지역 도시가 될 수 있고, 그렇게 만들 자신도 있다고 말한다. 하지만 그러한 가능성의 문이 항상 열려 있는 것이 아니라 시간의 한계가 있다는 점을 강조한다. 그러면서 자신을 좀 도와달라고 말한다.

내가 지금까지 만나면서 확인한 이재영 위원장은 글로벌 경제전문가이자 일을 만들고 실현시킬 줄 아는 리더다.

지금까지 보여온 그의 행보 속에서 이 위원장은 우리나라가 대외적으로 어려울 때마다 우리의 역량을 강화하고, 그 어려움이 오히려 전화위복이 되어 경쟁력을 갖출 수 있도록 많은 활동을 했다.

이러한 이 위원장의 능력이 양산에서도 발휘되고 현실화 되기를 간절히 바란다. 또한 그의 이러한 노력이 양산 시민들의 마음을 사고 결실을 맺을 것으로 확신한다.

이재영 위원장과 함께 양산의 새로운 모습을 만들고 그것이 경남과 한국의 새로운 경쟁력이 되는 그러한 날이 빨리 오기를 희망한다.

사회와 공동체를 위해 무엇을 기여해야 할지 고민하고 또 실행하는 사람

한 홍 열
한양대 경제학부 교수, 코리아 컨센서스 연구원 이사장

이재영은 일꾼이다. 그것도 많은 사람을 위하는 일꾼이다. 세상 사람 누구나 자신과 가족의 행복을 위하여 일하고 경력을 쌓으며 인생을 살아간다.

그러나 맡은 일의 크고 작음을 막론하고 그 과정이 많은 사람에게도 도움이 되는 경우는 결코 흔하지 않다. 더구나 그런 사람과 가까이하며 사는 일은 드물기만 할진대, 나는 이재영 박사를 친구이자 동료로 거의 평생을 함께 하는 행운을 누렸다.

이재영 박사의 남을 위하는 일꾼으로서의 진면목은 대한민국의 핵심 국책연구기관인 대외경제정책연구원(KIEP) 원장직 수행과정에서 가장 잘 나타났다.

대외경제정책연구원의 원장을 역임하였던 많은 분들이 한국의 대외경제정책의 수립과 이행 과정에서 좋은 성과를 이루었다. 이재영 박사 역시 이들의 업적을 잘 계승하였을 뿐만 아니라 이에 더하여 훌륭한 업적을 많이 거두었다.

특히 거의 불모나 다름 없던 유라시아 지역에 대한 연구가 우라나라에 뿌리를 내리는 데 커다란 기여를 하였음을 학계가 인정한다. '많은 사람을 위한 일꾼'으로서 이재영 박사의 면모가 KIEP의 연구위원, 그리고 원장직을 수행하면서도 잘 드러났다고 생각한다.

자신이 맡은 일을 하면서도 동시에 그것이 공동체에 훌륭한 기여를 하였으니 동업계에 있는 나로서는 참으로 부러운 인생이 아닐 수 없다. 보다 구체적으로 하나의 사례만 들어 보기로 하자.

KIEP는 지금도 해마다 '신흥지역연구 통합학술대회'라는 행사를 개최한다. 이름만 들으면 연구기관들이 흔히 주최하는 학술행사려니 여기기 쉽다. 그러나 이 행사의 핵심은 바로 '신흥지역'이라는 데 있다. 세계의 다양한 지역을 연구하는 수많은 소규모 학회나 학술단체들이 같이 모여서 연구성과를 나누고 세상에 알리는 행사이다. 동북아시아, 유라시아, 라틴아메리카, 아프리카, 중동부 유럽, 중동, 몽골 등 글자 그대로 전 세계 각 지역을 연구하는 한국의 연구자들이 총집합하는 자리이다.

이전만 하더라도, 이러한 연구의 소중한 가치에도 불구하고 우리나라는 그 성과에 대한 인식이 충분하지 못하였다. 이재영 박사가 주도하여 '신흥지역 통합학술대회'와 같은 행사가 마련됨으로써 세계 각 지역에 대한 연구의 필요성과 중요성에 대한 세상의 인식이 한층 높아졌다고 평가하지 않을 수 없다.

한국은 세계시장을 발판으로 성장한 국가다. 이제는 단순히 수출시장을 확보하는 차원에서 더 나아가 세계 각 지역에 대한 깊은 이해를 바탕으로 교류를 확대해 나가야하는 위상과 의무를 가진 나라이다.

이를 위해서는 주변에서 잘 알아주지 않는 소수의 연구자들이 활동할 수 있는 발판이 필요하다. 실제로 한국에는 많은 학자들이 저마다의 자리에서 훌륭한 성과를 거두고 있지만 사회적으로 충분한 인정을 받지 못하고 있다.

유라시아 지역 전문 경제학자로서 자신의 연구 분야뿐만 아니라 많은 학자들에게 저마다의 기여가 가능한 자리를 제공한 것은 '많은 사람을 위한 일꾼'으로서의 이재영 박사다운 업적이 아닐 수 없다.

필자가 이재영 박사와의 오랜 개인적 친분 때문에 소소한 일부터 큰 정책에 이르기까지 소개할 이야기가 적지 않다. 그럼에도 불구하고 위의 사례를 소개하는 것은 이재영 박사가 공적인 영역에서 자신이 무엇을 기여해야 할지 고민하고 또 실행하는 사람임을 알리는 것이 우선이라 생각했기 때문이다.

이런 이재영 박사가 오랫동안 쌓은 경륜을 바탕으로 '고향 양산과 우리 나라를 위한 일꾼'으로 나서기로 결심하였다. 개인적으로 결코 쉽지 않은 지역적 환경에 자신을 던지는 것이라 그를 아끼는 나로서는 걱정이 없지 않았다.

공적인 영역에서 보장된 자신의 위치를 내려놓는 결정이었기 때문이다. 그럼에도 불구하고 필자뿐만 아니라 그를 아는 많은 사람이 그의 선택과 미래를 지지하였다.

무엇보다도 그의 성공이 개인적인 차원에 그치지 않고 결국은 '많은 사람들'에게 이로움으로 결과할 것이라고 믿었기 때문이다.

이제 과거와는 또 다른 차원에서 '더 많은 사람을 위한 일꾼'이 된 이재영의 모습을 상상하는 것은 어렵지 않다. 이재영 박사가 고향의 많은 사람들을 벗으로 삼고, 이들이 할 말을 하게 하고, 지역에서 말하는 것을 듣는 것을 자신의 일로 여기며 실천한다면 아마도 양산과 우리 사회, 그리고 대한민국은 한 단계 더 발전할 것이고, 세계에서 더 존경받고, 부러움을 사게 될 것이라 믿는다.

한결같음이 덕이 되는 정의로운 사람, 이재영

이 상 욱
전 한국태권도진흥협회 이사장,
전 중앙아시아 태권도연맹 부회장

이재영 박사는 한결같은 사람입니다. 예로부터 한결같음(常)은 덕(德)이라고 했습니다. 그런데 세상을 살다 보면 이런 덕을 가진 사람들이 많지 않습니다.

제가 이재영 박사와 세교(細交)를 이어온 지 20여 년이 지났지만 그는 처음부터 지금까지 항상 그 자리에 그 모습으로 남아 있습니다. 덕(德)이 있는 사람입니다.

한결같음이 덕이 되는 이유는 세상의 작은 이익이나 환경의 변화에 따라 본질을 바꾸는 사람들이 적지 않기 때문입니다. 특히 한 사회의 지도자 자리에 있는 엘리트들의 모습에서 한결같음을 가진 인물을 찾기가 점점 어려워지기 때문입니다.

이재영 박사는 많은 학업을 쌓았지만 현실을 제대로 이해하고 있는 사람입니다. 불의에 맞섰지만 전혀 거칠지 않습니다.

글 읽는 서생의 문제의식과 상인의 현실감각을 갖춘 인물이라고 감히 말할 수 있습니다.

그는 교묘하고 화려하게 꾸미는 사람이 아닙니다. 그는 소리만 요란한 빈 울림통도 아닙니다. 그는 자리만 탐내는 사람도 아닙니다.

그는 실천하는 사람이고 노력하는 사람이며 한결같이 사람의 마음을 헤아리는 정이 깊은 사람입니다.

그가 평생의 학문적 화두로 삼았던 한국의 대외경제정책에 대한 관심은 그저 연구자로서만 멈추지 않았습니다.

이런 그의 진가(眞價)는 그가 대외경제정책연구원장을 맡으면서 더욱 두드러져 보였습니다.

그는 자신이 몸담았던 국책연구기관의 장이 된 후 꼭 필요한 연구와 필요한 행동을 함으로써 대한민국 국책연구기관의 위상을 한 단계 격상시켰습니다.

그가 재직하는 동안 대외경제정책연구원은 미국 펜실베이니아대학교 국제관계프로그램 산하 '싱크탱크와 시민사회 프로그램(TTCSP: The Think Tanks and Civil Societies Program)'이 실시한 2018년 전 세계 싱크탱크 평가에서 총 8,162개의 연구기관 중 '국제경제정책' 부문에서 3년 연속 세계 5위, 국내 1위를 기록했습니다.

아시아에서 가장 높은 순위이고 국내 싱크탱크 순위에서 가장 높은 순위입니다. 이런 성과는 하루아침에 이루어지는 게 아닙니다. 국내외에 구축한 끈끈하고 방대한 인적 네트워크가 심도 있는 연구와 연결돼 시너지를 내야만 가능한 것입니다.

이런 네트워크와 노력 그리고 끈기가 어우러져 그가 대외경제정책연구원장에 재임 시 보여준 다양한 업적들이 가능했던 것입니다.

특히 일본 아베 정권의 한국 첨단기술 분야에 대한 수출금지 사태 때 그가 보여준 의연하고 전문적인 대응은 정말로 전문 연구기관의 수장으로서 보여준 훌륭한 모습이었다고 할 수 있습니다.

저는 대한민국의 국기라 할 수 있는 태권도진흥협회 이사장을 맡아본 경험으로 감히 말할 수 있습니다. 좋은 지도자는 좋은 정책과 결과를 만들고 그것이 조직과 공동체 모두에게 큰 이익이 된다는 사실을!

그런 면에서 이재영 박사의 인간적이면서도, 의연하고, 항상 같은 마음가짐으로 사람을 대하는 그런 태도는 국제사회의 많은 전문가들에게 이재영 박사에 대한 평판을 높이고, 그것이 결국 한국의 지식인에 대한 평판을 높이는 선순환의 모습을 보여주었다고 자신있게 말할 수 있습니다.

저는 태권도 진흥재단 이사장을 맡으면서 전국과 세계 각지를 많이 돌아봤습니다. 그 과정에서 양산에도 몇 번 방문한 적이 있습니다. 이재영 박사의 고향집을 방문하여 부친을 뵌 적도 있고 배내골도 가 보았습니다.

저의 양산에 대한 인상은 천년고찰 통도사뿐 아니라 미래가 기대되는 젊은 인재들이 많이 찾는 도시라는 양산이 가진 잠재력이었습니다.

젊은이들이 큰 꿈을 펼치려는 양산에, 미래를 향해 도약하려는 양산에 가장 필요한 것은 세계의 변화에 둔감하지 않고 고향의 뿌리에 대한 깊은 이해와 함께 주변을 아우르는 리더십을 갖춘 지도자적 인물을 찾는 것이라고 생각합니다.

그런 점에서 저는 이재영 박사가 양산의 미래를 위해, 한국의 미래를 위해 큰 역할을 해줄 인물이라고 확신합니다.

양산의 과거와 함께 나아가야 할 미래를 정확히 꿰뚫고 있는 이재영 박사야말로 양산이 배출한 큰 인물이 될 것입니다.

고향 사랑이 넘치며 인간미 넘치는 진짜 실력자

권 승 열
영산대학교 초빙교수, 관선재 인문학 아카데미 원장

나와 이재영 박사와의 인연은 그렇게 길지 않다. 하지만 사람의 인연이 시간보다는 깊이에 좌우된다는 것은 고래(古來)로부터의 철칙이다. '하룻밤에도 만리장성을 쌓을 수 있다'는 말처럼 인간의 인연이라는 것은 만남의 횟수나 기간 못지않게 깊이가 중요하다.

우리는 상대방의 말 몇 마디에서, 그리고 눈빛과 행동 가짐에서, 그 사람의 깊이와 크기를 짐작할 수 있다. 그리고 이러한 감정이 만남의 깊이를 결정짓고, 그 사람에 대한 인상과 호감의 유효기간을 결정한다.

이재영 박사는 그런 점에서 보면 만남의 횟수보다도 단 한 번만이라도 만나고 나면 깊이가 있고 호감이 가는 사람이라는 매력을 강하게 심어주는 그런 인물이다.

나에게 있어 이재영 박사와의 인연은 때로는 만남의 횟수보다 깊이가 더 중요할 수도 있다는 그러한 철칙을 재확인하게 하는 나의 교류(交流) 사례 중 하나다. 그가 경제 전문가로서의 길을 벗어나 양산 발전과 대한민국의 발전을 위한 도전을 시작하면서부터 나와 이재영 박사(지금은 민주당 양산갑 위원장)와의 인연은 깊어졌다.

약 4년 전부터 나는 이재영 박사와 수시로 만나 대화를 나누고, 차를 마시며, 소주도 한 잔씩 하는 인간적인 관계를 지속해오고 있다.

그러면서 나는 이재영 박사의 여러 면모를 확인할 수 있었다. 이재영 박사, 아니 이재영 위원장은 양산시의 각종 모임, 단체가 주최하는 각종 행사 등에 빠짐없이 참여하는 부지런한 사람이다.

이재영 박사는 이런 부지런함과 함께 남들이 관심을 보이지 않는 작은 일, 그렇지만 우리 사회 공동체의 발전과 인간 사회의 정을 위해 꼭 필요한 그런 일에도 정성을 쏟는 인물이다.

그는 단순히 인맥을 넓히려 관계를 맺거나 유지하는 인물이 아니라 인간미가 있고 진정성이 느껴지는 그런 인간관계를 선호하는 사람이다.

그는 고향 사랑이 넘치는 사람이며 항상 겸손한 사람이다. 올해 초 이재영 위원장의 생가인 원동면 용당중리 마을에서 원동 미나라 축제 기간에 식사를 할 때다.

그는 직접 숯불을 피우며, 주변 대나무를 톱으로 베어내고, 고기를 뒤집고, 미나리를 권했다. 아주 능숙하고 아주 자연스러웠다. 이런 그의 모습은 우리 양산 농촌 농부의 모습이자, 시골 친구들의 친근한 모습 그 자체였다.

그가 세계 5대 경제 싱크탱크의 수장으로서 한국을 대표하는 경제 전문가, 학자였다는 것을 알고 있는 나로서는 이런 그의 소탈한 모습이야 말로 그가 가진 내공의 깊이를 보여 주는 또 다른 모습이라고 생각한다.

이런 그의 모습은 아마도 그의 부친과 빙부의 가르침에서 비롯된 것일 거라 생각한다. 그의 빙부는 주역의 대가이신 묵점 기세춘님이다. 이재영 위원장은 묵점 선생으로부터 가르침을 받아 인간의 진실한 내면을 이해하고, 소통과 공감을 함께 하는 이치를 터득한 사람으로 보인다.

그래서 나는 그가 우리 사회를 통합하는 데에도 탁월한 능력을 보일 적임자라고 생각한다. 여기다 그의 우직한 외모는 흔들림 없고 믿음직한 인간미와 신뢰성을 보태줘 그에 대한 호감도 더 높여준다.

노자 도덕경에 유무상생(有無相生)이라는 말이 있다. 나는 이재영 위원장에게 이 말이 잘 어울린다고 생각한다. 그는 동서양 진영을 넘나들며 공부를 했다. 러시아와 미국, 영국에서 공부하면서 균형 감각을 익힌 듯 했다.

실제로 그와 교류하면서 느낀 점 중 하나는 한쪽 편으로 기울어지지 않은 균형 잡힌 시각이다. 양면을 함께 관조하며, 안정된 사회 지도자의 면모를 보여주는 그는 훌륭한 인격까지 겸비한 인간미 넘치는 사람이다.

이런 이재영 위원장이 양산 발전과 대한민국 발전에 기여할 기회를 잡아 그가 가진 애정과 능력을 현실에서 실현할 날이 오기를 바란다.